VIE DE MADAME

MARIE-HENRIETTE RIMEY

Nous déclarons que si les expressions *saint* ou *sainte* sont employées dans cet ouvrage pour des personnes non élevées sur les autels, nous n'entendons en rien émettre une opinion contraire aux décrets de la sainte Église.

TYPOGRAPHIE FIRMIN-DIDOT ET Cie. — MESNIL (EURE).

NOTICE SUR L'ORIGINE

DE LA

SOCIÉTÉ DE LA CROIX

FONDÉE EN 1625

ET

VIE DE MADAME

MARIE-HENRIETTE RIMEY

PREMIÈRE SUPÉRIEURE GÉNÉRALE

1837-1859

A la gloire de Jésus crucifié

PARIS

LIBRAIRIE VICTOR LECOFFRE

RUE BONAPARTE, 90

—

1900

Révérende et bien-aimée Mère,

A qui dédier, mieux qu'à vous, la vie de la T. R. Mère Henriette Rimey, à vous qui, pendant trente-trois années, vous êtes montrée la digne héritière de ses vertus, de son esprit profondément religieux, de son attachement si dévoué à la Congrégation?

Vous être agréable, ainsi qu'à toutes ses filles, la faire revivre pour qu'elle fasse encore le bien, même après sa mort, tel est le but qui a soutenu, dirigé notre plume, encouragée par l'obéissance et guidée par le cœur.

Puisse cet hommage filial vous dédommager un peu des labeurs incessants de votre glorieux

généralat, et vous donner le doux espoir que,
de génération en génération, se perpétuera
parmi vos filles le véritable esprit de la Croix.

Daignez agréer, Révérende et très aimée
Mère, ce modeste travail et bénir celles qui
restent à tout jamais, de la meilleure des Mères,
les filles les plus respectueuses et les plus
reconnaissantes.

Saint-Quentin, 3 mai 1892,
en la fête de l'Invention de la Croix.

INTRODUCTION

———

Au moment d'entreprendre la Vie de
Mme Marie-Henriette Rimey, ne semble-t-il
pas que l'on doive répondre tout d'abord
à une question qui s'offre naturellement à
l'esprit: Qu'était la Communauté de la Croix?
Dans quelle terre avait pris naissance cet
arbre, alors presque sans feuilles et sans
fruits, sur lequel la Révérende Mère Henriette devait implanter une greffe choisie
que la croix, sève divine toujours vivifiante,
allait faire croître et rendre féconde?

Pour répondre à cette question, nous pla-
çons ici, l'offrant aux élèves et aux amis de
la Congrégation de la Croix, ce public aimé
dont l'indulgence nous est connue, une

a.

courte notice sur la Société, depuis son origine jusqu'en 1837, époque à laquelle arrivèrent à Saint-Quentin, de la Communauté de la Nativité de Notre-Seigneur, dans le Dauphiné , les religieuses envoyées par Mgr de Bruillard , évêque de Grenoble, à Mgr de Simony, évêque de Soissons.

Au commencement du XVIIe siècle, deux vénérables prêtres du diocèse d'Amiens, M. l'abbé Claude Buquet, curé de Saint-Pierre-de-Roye, et M. l'abbé Pierre Guérin , curé de Saint-Georges en cette même ville, émus des désordres qui se produisaient dans les écoles mixtes où les jeunes filles étaient alors presque toutes élevées, cherchèrent le moyen de leur procurer le bienfait d'une éducation chrétienne.

Par leurs conseils et sous leur sage direction, quatre personnes d'un grand mérite et d'une solide vertu : Françoise Wallet, Marie Samier, Charlotte et Anne de Lancy, se réunirent dans une pauvre maison où, le 4 août 1625, elles ouvrirent leur école.

Comme toutes les œuvres appelées à réaliser un grand bien, la société naissante fut bientôt assaillie par une horrible tempête ; le respectable M. Guérin surtout fut indignement calomnié ; on le chargea des accusations les plus odieuses, lui et les pauvres filles qui avaient secondé son zèle. La persécution dura quatre années entières, ce qui fit dire au saint fondateur : « *Si la petite société parvient à s'établir dans l'Église de Dieu, on la nommera* **Société de la Croix** puisqu'elle a été fondée au prix de tant de tribulations et de croix. » Fort de son innocence, le saint prêtre souffrit ces injustices avec une patience admirable ; enfin la vérité se fit jour.

Monseigneur l'évêque d'Amiens, en le chargeant plus tard de la rédaction des règles à donner aux Filles de la Croix, et Monseigneur l'archevêque de Paris en le nommant peu après le Supérieur de cette petite Société, montrèrent assez le cas qu'il faut faire de tant d'injustes imputations.

Sous le nom de *Sœur première*, Françoise Wallet dirigeait la modeste Communauté. L'odeur des vertus cachées de ces humbles sœurs, semblable au parfum de la violette, se répandit au loin, à la gloire de Dieu.

Envoyée à Paris par ses supérieurs pour informer les docteurs de la Sorbonne du genre de vie de ses compagnes, Marie Samier fut adressée par le R. P. Lingendes, jésuite d'un grand mérite, à Mme de Villeneuve qui, depuis longtemps, pensait à fonder un institut de filles séculières vouées à l'enseignement.

A peu près à cette époque, 1636, la prise de Roye par les Espagnols obligea M. Guérin d'envoyer ses filles à Paris, pour les soustraire aux dangers qui les menaçaient. Mme de Villeneuve voulut les recevoir chez elle ; charmée de leur genre de vie, de out le bien déjà opéré par leurs soins, elle embrassa leur Institut et voulut fonder elle-même une maison de cette Société. Elle réunit, en effet, une petite communauté à Brie-Comte-Robert, puis établit dans la capitale une maison dite *le Séminaire*, où les sujets, après avoir été formés selon l'esprit de la Croix, devaient être envoyés dans les campagnes.

Pour se mettre plus directement en rapport avec M. Guérin dont elle avait su apprécier la sagesse et la prudence, Mme de Villeneuve l'appela auprès d'elle; et à Paris comme à Roye, il se dévoua tout entier à l'œuvre qui lui était confiée.

Mais bientôt la noble veuve voulut y introduire des usages qui devaient changer le plan de l'Institut; les sœurs de Roye ne crurent pas devoir accéder à ses désirs. Il fut donc arrêté que la Société de la Croix serait divisée en deux branches : l'une se composait des filles qui demeuraient attachées à leurs premières règles, sous l'obéissance de M. Guérin et de sœur Wallet ; l'autre, de toutes celles qui, sous la conduite de Mme de Villeneuve, s'engageaient au nouveau genre de vie qu'elle venait d'établir.

A la mort de leur fondatrice, les sœurs de Paris se trouvèrent endettées de sommes considérables ; des difficultés de toutes sortes mirent l'œuvre à deux doigts de sa perte. Saint Vincent de Paul, à qui l'on demandait s'il ne fallait pas abandonner un Institut traversé par tant d'épreuves, répondit : « *Loin de céder à la persécution, il faut montrer plus d'ardeur à le maintenir, car il sera d'une grande utilité à l'Église ; s'il prend racine, il deviendra un arbre fécond en fruits salutaires.* » L'avenir devait pleinement justifier cette prédiction.

Cependant les Espagnols ayant évacué la Picardie, les habitants de Roye réclamaient instamment leurs sages institutrices. La sœur Wallet, heureuse de répondre à leur appel, vint avec ses compagnes donner une nouvelle existence à la maison qu'elle avait fondée en 1625. Grâce à ses soins et à son zèle, la Communauté de Roye se trouva bientôt dans l'état le plus prospère ; plusieurs jeunes filles, douées de talents et de vertus remarquables, vinrent augmenter le nombre de ces ferventes apôtres du Dieu crucifié.

Le Seigneur voulut récompenser sa fidèle servante en l'appelant bientôt à lui. « *Elle mourut*, disent les anciennes chroniques de la Croix, *pleine de mérites et de résignation, ayant toujours été très exacte en tout ce qui lui était connu être la volonté de Dieu.* »

Reconnue par l'État, en 1640, la société prit dès lors une extension rapide ; beaucoup d'établissements furent successivement créés, mais ils restèrent indépendants les uns des autres ; c'est ce qui explique le grand nombre de communautés religieuses répandues en France, et même à l'étranger, pour travailler à la gloire de Dieu, sous le vocable

de la Croix ; presque toutes tirent leur origine de l'une ou l'autre des deux branches
dont nous avons parlé.

L'une des fondations les plus marquantes
fut celle de Chauny ; la sœur Tavernier,
appelée de Brie-Comte-Robert, et puissam-
ment secondée par M. l'abbé Mahieu, jeta,
en 1659, les fondements de cette œuvre, qui
produisit dans la ville de grands fruits
d'édification et de salut.

Le Pape Clément IX voulut bien encourager ces heureux débuts, en approuvant
solennellement la Société de la Croix, le
9 mai 1668. Ce fut comme le prélude des
bénédictions célestes sur une autre fondation plus importante.

En 1672, M. l'abbé Gillot, alors Supérieur de la Société de Roye, appelé à
Saint-Quentin pour y donner une mission,
fut tristement surpris de voir combien était
négligée l'instruction religieuse des jeunes
filles de cette ville. Il engagea les autorités

municipales à permettre dans leur cité l'établissement de quelques Filles de la Croix; cette même année 1672, le *vendredi* 11 mars, trois sœurs venues de la maison de Chauny, Marie Giraux, Antoinette Hautot et Jeanne Godequin, fondèrent, avec l'agrément des premiers magistrats et du chapitre de la collégiale, une maison de leur Institut, en la paroisse Notre-Dame.

Les enfants pauvres furent les premières instruites par les dévouées sœurs; puis les jeunes pensionnaires que leur confièrent bientôt les meilleures familles, vinrent puiser auprès d'elles, avec un fonds solide d'instruction, les principes d'une éducation sérieuse et chrétienne; sœur Marie Giraux dirigea pendant vingt-sept ans, avec le titre de *Sœur première*, la Communauté de Saint-Quentin. On trouve aux archives de la Croix, en cette ville, dans l'oraison funèbre de cette digne Supérieure, son éloge bien mérité... « *Elle a travaillé, y est-il dit, à faire de cette maison un sanctuaire de paix, une terre bénie dont les habitants parlent le même langage et n'ont qu'une voix, un esprit, un cœur et une âme ; un autre temple de Salomon, édifié sans aucun bruit, où tout reluit de l'or de la charité, ouvrage admirable du Saint-Esprit qui s'est servi d'elle pour faire une œuvre digne de sa miséricorde. »*

Trois mois s'étaient à peine écoulés depuis la fondation, que plusieurs jeunes personnes demandèrent à partager la vie pauvre et les humbles travaux des premières sœurs. Toutes, fidèles au but de leur Institut, travaillaient à la gloire de Dieu, au salut des âmes, par la vie mixte qui les laissait filles de paroisse, en même temps qu'elle les obligeait aux pratiques du cloître le plus fervent.

Les règles données par M. l'abbé Guérin, furent de nouveau examinées, puis rédigées en vingt-trois articles que Monseigneur l'évêque de Noyon daigna approuver avec éloges. Toutes respiraient l'esprit de simplicité évangélique et de cordiale charité. Le temps qui n'était pas employé aux classes ou à l'étude, était consacré à la prière et au recueillement, et l'on peut dire que si les respectables sœurs n'émettaient pas les vœux qui font l'essence même de l'état religieux, leur vie tout entière était celle de vraies épouses de Jésus crucifié.

Leur costume se rapprochait fort de celui des veuves de cette époque : une croix de bois avec christ, sur la poitrine ; un chapelet à la ceinture : tels étaient les signes extérieurs qui distinguaient les Filles de la Croix. Elles n'en eurent point d'autres jusqu'à la Révolution de 1789.

Les deux premières années, la Communauté avait pu se contenter d'être en location dans une maison de la rue de la Fosse ; le nombre des pensionnaires augmentant chaque jour, il fallut se procurer un local plus vaste et plus commode.

L'acquisition de l'hôtel dit du *Cheval blanc* fut résolue; mais tant de réclamations surgirent de divers côtés pour entraver ce projet, que force fut d'attendre encore deux ans avant de pouvoir s'établir dans la rue de la Prison. En 1676 seulement, les sœurs de la Croix entrèrent dans leur nouvelle demeure où devaient se passer tant et de si tristes événements. Avec quelle joie elles se virent enfin chez elles, et autorisées à placer au-dessus de leur porte d'entrée la croix du divin Rédempteur avec cette inscription : **Les Filles de la Société de la Croix.**

Mais l'ennemi de tout bien ne pouvait, sans frémir de rage, voir arborer l'étendard du salut sur une maison où l'on devait lui déclarer une si rude guerre. Aussi, anima-t-il contre les paisibles sœurs la haine de quelques personnes influentes; et bientôt on vit une troupe de gens armés de tenailles et de marteaux, s'acharner à faire disparaître le symbole sacré, ainsi que l'inscription. On se figure quelle dut être la consternation des sœurs en voyant les efforts sacrilèges et en entendant les clameurs des insulteurs du Christ.

Il était trois heures de l'après-midi. Tandis qu'au dehors on outrageait le Dieu du Calvaire, ses Épouses éplorées récitaient, humblement prosternées, selon l'usage, la touchante strophe : *O crux ave!...* Oh! qu'ils étaient fervents les hommages que chacune s'efforçait alors de rendre à l'auguste trophée de la rédemption! Combien furent ardentes les prières qui s'élevèrent jusqu'au ciel pour conjurer le Seigneur de prendre en main sa cause, de défendre ses humbles servantes contre tant de violences!

Dieu ne fut pas sourd à cette voix du faible opprimé : Au bout de quelques mois, l'orage s'apaisa et, par ordre de la municipalité, la croix fut replacée par ceux mêmes qui l'avaient si indignement arrachée.

Pour mettre la petite société à l'abri de

toute atteinte, Mgr de Clermont, évêque
de Noyon, sollicita et obtint de la cour
royale des lettres patentes qui approu-
vaient les établissements de la Croix, tant
à Saint-Quentin qu'à Chauny et à Noyon.
Louis XIV les signa en 1682, et trois ans
après, elles furent enregistrées au parle-
ment.

Rien ne semblait plus dorénavant s'opposer à l'accroissement de la Société de la
Croix. Elle se répandit, en effet, avec une
rapidité prodigieuse : les maisons, fondées à
Nesle, puis à Ribemont et en bien d'autres
lieux encore, devinrent bientôt florissantes.
Celle de Saint-Quentin, dont la sœur Antoinette Hautot avait pris la direction après la
mort de la vénérable sœur Giraux, continuait
de se distinguer par son esprit de régularité
et de ferveur.

Pour faciliter à toutes l'accomplissement
des divers exercices de piété, la nouvelle
Sœur première obtint de Mgr de Rochebonne

la permission de convertir en chapelle l'un des appartements de la maison; la sainte Messe y était célébrée plusieurs fois par semaine, et bien que les sœurs n'eussent pas encore le privilège de conserver habituellement le T. S.-Sacrement chez elles, ce n'en fut pas moins une douce jouissance de prier chaque jour dans le lieu où Jésus-Hostie daignait parfois descendre.

Enfin, elles eurent le bonheur de voir le saint sacrifice de la messe offert chaque matin dans leur chapelle et le petit office de la Très Sainte Vierge y être psalmodié en chœur.

De jour en jour, l'amour de la vie religieuse croissait chez les ferventes sœurs; aussi demandèrent-elles bientôt avec instances la faveur de s'engager par vœu aux vertus de pauvreté, de chasteté et d'obéissance qu'elles avaient pratiquées jusque-là avec une grande perfection, mais sans y être obligées autrement que les simples chrétiennes.

La première cérémonie de profession se fit avec un certain éclat. Dès ce moment, sans être astreintes à la clôture, les sœurs ne sortaient que pour des raisons graves, et ne permettaient l'entrée de leur maison que fort rarement. Aux jours de grandes fêtes, elles assistaient encore aux offices de la paroisse, et leur piété, leur modestie étaient, pour les fidèles, une édifiante leçon.

Les élections aux diverses charges de la Communauté se faisaient régulièrement; la plus parfaite harmonie régnait entre les membres de la Société; tout leur présageait une prospérité toujours croissante, quand la funeste révolution de 1793 vint les troubler et exposer l'Institut de la Croix aux plus grands dangers.

Tout le monde connaît les tristesses de ces jours à jamais néfastes; l'histoire a consacré de sombres pages aux sacrilèges profanations de nos églises et de nos monastères.

Le département de l'Aisne, si riche en abbayes et en monuments religieux, avait vu le plus grand nombre de ces pieux asiles détruits ou arrachés à leur destination première.

Quand vint à Saint-Quentin l'ordre de faire sortir de leur retraite les sœurs de la Croix, la Communauté comptait, entre autres sujets précieux, deux filles au cœur généreux, à l'âme noble et vaillante : sœur Hunégonde Duplaquet et sœur Victoire Poulet, les dernières professes de la Société avant 1793. Elles étaient destinées, par la Providence, à conserver l'établissement fondé par leurs Mères au prix de tant de travaux et de contradictions.

Cédant à la force, toutes les sœurs s'étaient, en pleurant, éloignées du saint asile où elles vivaient si heureuses ; seule la sœur Hunégonde Duplaquet déclara qu'elle ne quitterait sa cellule que pour monter à l'échafaud. Elle avait puisé dans son profond attachement à son Institut, la forte résolution qu'elle devait tenir avec une admirable fermeté. L'espoir de conserver à sa Communauté l'immeuble dont elle avait joui jusqu'à ce jour, l'anima d'une sainte hardiesse pour résister à toutes les injonctions qui lui furent faites de quitter sa chambre : « *Citoyenne, que fais-tu là?* lui dit l'un des commissaires de police. —*Je prie pour vous et pour la France.* — *Bah! fanatique ; sors de là et sauve-toi où tu pourras ; autrement, je ne réponds pas de ce qui t'arrivera.* »

Loin de se laisser intimider par ces menaces, la courageuse sœur protesta qu'elle ne sortirait pas ; alors, soit pour la soustraire aux dangers qu'elle courait, soit pour se montrer aussi sévères que l'exigeait leur triste mandat, les agents du pouvoir l'enfermèrent dans sa propre cellule, la déclarant prisonnière. Bientôt les sœurs de Saint-Vincent de Paul et la vénérable abbesse d'Origny vinrent partager sa captivité ; car les bâtiments de la Croix venaient d'être transformés en prison; c'est ce qui les fit échapper à la vente nationale des biens ecclésiastiques.

Plus tard, ils devaient être rendus à la Communauté. Toujours bonne et dévouée, sœur Hunégonde, qui avait pu obtenir de sortir de sa chambre, oubliait ses propres souffrances pour adoucir celles de la sainte abbesse. Le chagrin, autant que les privations, abrégèrent les jours de la noble captive; elle mourut en bénissant la charité de sa pieuse compagne.

Pendant ce temps, sœur Victoire Poulet exerçait, dans le monde, une sorte d'apostolat qui devait lui mériter le bonheur de rentrer un jour dans la chère Communauté qu'elle aimait si sincèrement. Cacher les prêtres, leur faciliter le moyen d'exercer les fonctions du saint ministère; faire bénir les unions; procurer aux enfants la grâce du baptême, aux malades les secours spirituels de la religion : telles étaient les œuvres de cette vraie Fille de la Croix, dans ces jours qui rappelaient les scènes des catacombes.

On la voyait, un panier au bras, se diriger vers une cachette connue d'elle seule : sous le linge ou les vêtements qu'elle portait aux malheureux, un petit enfant dont elle allait faire un chrétien, était soigneusement couché; jamais, assure-t-on, ces petits anges ne décelèrent par le moindre cri le secret de leur présence, qu'il importait si fort de ne pas trahir.

Dieu eut enfin pitié de la France : la chute de Robespierre avait fait cesser l'odieuse Terreur; les prêtres rentraient peu à peu dans leurs paroisses et le culte catholique reprenait, avec la liberté, son ancienne splendeur. Sœur Hunégonde se décida à retourner, pour quelques semaines, dans sa famille avec l'espoir de retrouver plusieurs membres de la petite Communauté dispersée. La prévoyante sœur avait eu bien soin d'emporter la clef de sa chambre, se déclarant par là propriétaire du modeste asile que les angoisses et les souffrances lui avaient rendu doublement cher.

A son retour, réunissant autour d'elle quelques enfants, la dévouée sœur leur faisait plusieurs heures de classes chaque jour. Sans vouloir reconnaître son droit sur la maison qui était alors en partie occupée par la gendarmerie, on ne s'opposa point à ce qu'elle y ouvrît une école.

Peu à peu la vaillante sœur Hunégonde rallia à son œuvre chérie la plupart de ses anciennes compagnes; elle obtint enfin de rentrer en possession des bâtiments occupés par la Communauté; l'administration des hospices qui avait été chargée par le gouvernement de l'entretien de cet immeuble, en abandonna d'abord la jouissance à nos sœurs en 1817; et lorsque, en 1828, Charles X eut reconnu la Société de la Croix comme congrégation enseignante et approuvé les statuts, la cession faite par l'administration des hospices fut définitive.

Persuadées que cette approbation suffisait à tout, les sœurs de la Croix négligèrent de faire sanctionner, par un décret royal, la cession qui leur avait été faite ; cette erreur faillit plus tard amener la ruine de l'œuvre qui avait déjà coûté tant de soins et de peines ; mais Dieu veillait sur l'humble grain de sénevé, dont il devait faire un arbre fort et vigoureux. Il voulait cependant lui laisser traverser encore bien des jours difficiles, afin de fortifier toujours davantage la foi déjà si admirable et l'inébranlable confiance des courageuses sœurs qui avaient entrepris de relever la Communauté de la Croix.

En effet, malgré les efforts persévérants de sœur Hunégonde et de sœur Victoire, malgré le zèle de leurs dévouées compagnes, la petite Communauté demeurait dans un état précaire : les classes externes étaient nombreuses, mais le pensionnat comptait à peine quelques élèves.

Le petit nombre de sujets reçus depuis plusieurs années était, pour les anciennes sœurs, l'objet d'une poignante inquiétude. Plusieurs projets d'affiliation avec d'autres Communautés religieuses furent conçus, puis abandonnés : le bon Dieu avait d'autres desseins sur la Société de la Croix; l'heure allait sonner où il les manifesterait clairement, comme on le verra dans la Vie de la Révérende Mère Henriette.

VIE

DE

MME MARIE-HENRIETTE RIMEY

PREMIÈRE SUPÉRIEURE GÉNÉRALE, EN 1837,

DE LA RESTAURATION DE LA SOCIÉTÉ DE LA CROIX

FONDÉE EN 1625.

CHAPITRE PREMIER

DE LA NAISSANCE DE JUDITH RIMEY A SON ENTRÉE AU COUVENT DE LA NATIVITÉ DE VALENCE.

Au sud-est de notre France, s'étend une belle province que le touriste aime à visiter. Précieuse par ses curiosités naturelles que l'on nomme *les merveilles du Dauphiné*, elle ne l'est pas moins par les souvenirs historiques qui s'y rattachent. Habitée primitivement par les Allobroges et d'autres tribus

gauloises, elle fit ensuite partie du royaume
d'Arles, divisé alors en fiefs nombreux. Plus
tard, ces fiefs furent réunis au comté d'Albon,
dont les titulaires se qualifiaient de Dauphins, par allusion au dauphin qui ornait
leur casque. Nous aimons à nous rappeler
que Humbert II, dernier héritier de la maison
des Dauphins de la Tour du Pin, céda, en
1343, sa riche province à Jean, fils de Phi-
lippe de Valois, à condition que désormais
le fils aîné du roi de France porterait le titre
de Dauphin.

C'est dans ce pittoresque gouvernement
de France que nous trouvons, dans le Ver-
cors, le village de Saint-Julien, où naquit,
le 20 décembre 1788, Judith Rimey, la seconde fille de Claude Rimey et de Judith
Arnaud, honorables propriétaires d'une
ferme importante.

Parents vertueux et sages, M. et Mme Rimey virent leur union bénie par la naissance de trois enfants. L'aînée des filles

fut connue, dans la suite, sous le nom de Mme Revol ; la seconde est celle que nous désirons faire apprécier de nos lecteurs ; la troisième fut Mme Rambert, dont les enfants étaient si chers à leur pieuse tante.

Malheureusement, nous savons fort peu de chose de l'enfance, de la jeunesse de Judith. Ses nièces nous ont dit cependant combien leur mère leur avait vanté l'aimable modestie, le charmant caractère, la pureté angélique, la bonté inépuisable de la gentille enfant.

Toute petite, elle se fit remarquer par une foi vive, des inclinations à la vertu et une tendre dévotion à la Très Sainte Vierge. Sa pieuse mère ne chercha qu'à développer ces précieuses dispositions. Une éducation toute maternelle sans doute, mais sagement éclairée, fit, des enfants de Mme Rimey, des jeunes filles accomplies, des femmes fortes, dans toute l'acception du mot. Ennemie de la mollesse, de la recherche des aises, des gâteries excessives, des plaisirs dangereux, cette mère sage sut faire naître et croître en ses filles les qualités les plus solides. Son commandement était doux, mais ferme; les enfants savaient qu'il faudrait toujours obéir; aussi ne s'arrêtaient-elles pas à la pensée de résister à un ordre. C'est ainsi qu'elles se formèrent, sans presque s'en douter, à l'amour et à l'accomplissement exact du devoir.

La petite Judith n'était pas toutefois exempte des défauts naturels à son âge. Elle aimait à raconter elle-même, dans la suite, qu'elle s'était glissée plus d'une fois, derrière une charmille où causaient souvent son père et sa mère, prenant plaisir à satisfaire sa curiosité. Mais un jour, la petite fille fut découverte! La honte qu'elle en éprouva fut sa plus grande punition; ce qui ne la dispensa pas d'en recevoir une autre bien méritée.

Formée de bonne heure à l'amour de la sainte Eucharistie, Judith soupirait depuis

longtemps après le jour où elle s'approcherait pour la première fois de la Table Sainte.
Et cependant elle avait conçu une si haute
idée des dispositions nécessaires à une communion fervente, qu'elle croyait, a-t-elle
avoué depuis, que jamais elle ne serait assez
sage, assez bonne, pour oser recevoir son
Dieu. L'obéissance et l'amour l'emportèrent
sur la crainte. L'enfant fit sa première communion avec une ferveur angélique; la faim
et le respect qu'elle conserva toute sa vie
pour la céleste nourriture, laissent deviner
quelle foi, quelle pureté, quel amour, elle
apporta à sa communion première.

M. et Mme Rimey ne négligèrent rien
pour faire donner à leurs filles une instruction aussi solide que variée. Judith dut accompagner ses sœurs dans un pensionnat choisi, de Saint-Marcellin. Sa très
petite taille la rendait quelquefois l'objet
d'innocentes plaisanteries de la part de ses
compagnes; elle savait rire avec elles et

y répondre avec sagacité. On devait dire plus tard à ce sujet que Dieu avait renfermé une perle précieuse dans une petite boîte.

Sortie de pension, Mlle Judith se montra toujours la plus respectueuse comme la plus aimante des filles. Son bonheur était de préparer quelque charmante surprise à ses chers parents, lorsque venait le jour de leur fête. C'était le plus souvent un ouvrage manuel, perfectionné par la tendresse filiale.

Avec ses sœurs, elle était d'une complaisance, d'une bonté à toute épreuve; s'oubliant toujours pour leur être agréable, elle sacrifiait sans peine ses goûts ou ses désirs. Une tendre et solide piété la soutenait dans la pratique difficile d'une abnégation constante.

Tous les huit jours, elle descendait de la montagne sur la mule au pied sûr, à la clochette vibrante, le sentier qui conduisait à l'église. Là, elle recevait les sacrements de Pénitence et d'Eucharistie, et revenait joyeuse, rapportant à la maison paternelle de nouveaux effluves de tendresse et de dévouement.

Ainsi s'écoulaient trop paisibles, trop heureux pour une âme prédestinée, les beaux jours de la jeunesse. Soudain, la maladie, la mort prématurée et tout à fait inattendue de Mme Rimey, vint faire au cœur de tous, mais surtout de Mlle Judith, une de ces blessures que le temps cicatrise à peine! Bien des années après, elle ne parlait encore de sa mère vénérée qu'avec des larmes dans les yeux, et, jusqu'à la fin de sa vie, au jour anniversaire de cette douloureuse séparation, elle faisait célébrer le saint Sacrifice pour le repos éternel d'une mère chérie.

Toutes ses affections, ses soins, ses prévenances, furent alors, plus que jamais, pour son père bien-aimé. Oubliant sa propre douleur, elle se fit auprès de lui l'ange de la consolation et de l'espérance.

Le divin Maître, jaloux de ce cœur, lui ravit l'objet, si légitime pourtant, de ses plus chères affections. Il lui fallut accepter ce nouveau calice. A l'exemple du divin agonisant, au jardin des Oliviers, elle inclina la tête et ne sut que répéter : « O mon Dieu, que votre volonté s'accomplisse! » Ces deux blessures si cruelles ouvrirent son cœur à une touchante compassion pour de semblables douleurs qu'elle comprit, partagea et s'efforça de consoler toujours.

Mlle Rimey était maîtresse de sa destinée; elle n'oublia pas qu'au-dessus d'elle, il y avait un Dieu qui devait en disposer tout le premier. Plus que jamais, elle le consulta dans la prière; ses communions devinrent plus fréquentes, elle s'adonna surtout davantage à l'oraison. Le monde ne la séduisait pas; son jugement si droit lui disait que, sous de belles apparences, il n'offrait guère à ses partisans que le vide le plus absolu, d'amers chagrins et peu de compensations à ses déboires. Ses aspirations s'élevaient plus haut; une voix secrète l'attirait vers la vie religieuse; mais les idées, les mots même de renoncement, de *détachement complet, de dépendance continuelle,* effrayaient sa nature, sa conscience toujours portée à craindre de ne pas arriver à la perfection dont elle avait l'idéal dans l'esprit. Pourtant la grâce la sollicitait, la pressait de plus en plus. Pour rien au monde, elle n'eût voulu résister à la volonté divine; mais l'ennemi de tout bien, prévoyant ce que Dieu et les âmes pouvaient attendre de cette vocation, lui suggérait mille motifs pour ne pas y répondre. Ainsi se passèrent plusieurs années, dans des tortures morales que connaissait seul le directeur de cette conscience timorée. Tant de perplexités l'accablaient : « Mon Dieu, s'écriait-elle souvent, mon Dieu, ayez pitié de moi! »

Le Seigneur ne fut pas sourd à ce cri de détresse. Il rappela au souvenir de Mlle Rimey une amie de pension, à ce moment Supérieure de la Congrégation de la Nativité à Valence : la Révérende Mère Molin qui, après avoir été maîtresse des novices et assistante, exerçait la supériorité dans cette maison, avec une sagesse, égalée seulement par sa bonté. Mlle Judith fut heureuse de pouvoir confier ses angoisses et demander lumières à un cœur ami profondément religieux. La vénérable Mère lui fit comprendre que si Dieu exige de ses épouses qu'elles travaillent avec ardeur à leur perfection, Il ne leur demande pas d'être parfaites, surtout dès le début; que la première condition, pour embrasser l'état religieux, est le renoncement à son jugement propre.

Ainsi éclairée et rassurée en bien des points, Mlle Rimey n'hésita plus, et résolut de se donner, sans retard, toute à son Dieu. Sa vocation reposant sur l'esprit de foi, bien plus que sur un attrait spécial, n'en fut que plus solide. Elle eut bientôt fixé

son choix et, fort peu de temps après sa visite à Valence, elle y revint pour entrer
au noviciat. On était en 1819 : elle avait
donc trente et un ans.

CHAPITRE II

DE L'ENTRÉE DE Mlle RIMEY AU NOVICIAT
JUSQU'A SA DÉMISSION DE SA CHARGE DE
SUPÉRIEURE GÉNÉRALE.

Dès le début de sa vie religieuse, Mlle Rimey se fit remarquer par une piété solide autant qu'aimable, une soumission parfaite, une complaisance charmante pour toutes ses compagnes, une simplicité, une modestie qui lui gagnèrent promptement l'affection générale. Rien ne lui paraissait petit de ce qui était du service de Dieu; on la voyait fidèle aux plus minimes observances. Aussi fit-elle de rapides progrès dans les vertus religieuses;

ce qui lui permit de revêtir le saint habit le 14 février 1820. C'est alors que lui furent donnés les noms de Marie-Henriette qu'elle voulut porter toute sa vie. Elle répétait souvent avec une joie indicible : « Oh! qu'on est heureuse au couvent! c'est un paradis anticipé! » Plus d'une fois, dans le cours de sa vie, on l'entendra redire ces autres paroles : « *Oh! quel malheur de s'être donnée si tard au bon Dieu, quand on pouvait le faire plus tôt!* » C'est dans les élans de cette sainte ferveur qu'elle embrassa généreusement toutes les pratiques du noviciat, sans compter les sacrifices qu'elles pouvaient lui imposer. Dans ces dispositions parfaites, elle prononça ses premiers vœux le 20 février 1821. M. le Vicaire général Devie, depuis évêque de Belley, les reçut avec édification et bonheur.

Il lui fallut alors quitter ce qu'elle appelait *son cher berceau,* pour commencer la vie plus sérieuse de professe. On l'employa d'abord aux classes et aux surveillances; partout elle réussit, et si bien, qu'on la nomma Maîtresse générale du pensionnat de Valence. Ses rares qualités la firent, peu après, changer encore de poste : la direction du noviciat lui fut confiée.

Ses Supérieures restèrent sourdes aux prétextes comme aux instances que lui suggéra son humilité; il lui fallut accepter une charge qui lui paraissait effrayante. Personne ne le regretta qu'elle-même. Les novices avancèrent rapidement, sous sa douce et ferme direction qui, tout en ne leur ménageant pas les épreuves, savait cependant si bien les adoucir. Ses instructions se réduisaient à trois pensées principales qu'elle développait sous toutes les formes.

« Il faut, disait-elle, travailler chaque jour à détruire la mauvaise nature, à relever la bonne et à y greffer l'amour de N.-S. Passons vite, mes filles, au travers de la nature et ne nous y arrêtons pas. N'oubliez pas que l'humilité n'est point une herbe qui croît en nous; elle vient du Ciel, il faut qu'elle soit arrosée et cultivée par N.-S. Demandez-lui chaque jour cette vertu. »

On le voit, c'est au solide, au parfait que visait toujours la digne maîtresse, et c'est à cette hauteur qu'elle voulait voir arriver ses novices.

La Révérende Mère Molin lui témoigna l'estime qu'elle avait pour elle, en la choisissant pour son assistante, choix dont elle n'eut jamais qu'à se louer.

Ce n'était pas assez encore. La Congrégation de la Nativité avait à Vienne, en Dauphiné, une maison qui ne prenait aucun accroissement. Les Supérieurs généraux crurent ne pouvoir mieux faire pour la sortir de cet état de langueur, que d'en confier la direction à la Mère Henriette.

Peu de jours avant celui du départ, la Mère économe dit aux religieuses : « Mes sœurs, voudriez-vous me dire, en prévision d'un petit voyage, si vous avez tout ce qui vous est nécessaire en vêtements, voiles, chaussures, etc. » Toutes firent l'inspection de leurs affaires, excepté celle que cela regardait particulièrement, n'imaginant pas qu'on pût penser à elle pour quoi que ce fût.

Qu'on juge de sa surprise et de sa peine, lorsqu'elle apprit la nouvelle de la lourde charge qui allait peser sur ses épaules!

L'obéissance lui était plus chère que sa tranquillité personnelle. La Mère Henriette partit donc. Elle avait à succéder à une Mère âgée, ancienne, amie de la vénérable Mère de Franssu, fondatrice et première Supérieure générale de la Nativité. Il lui fallait une prudence, une délicatesse achevée, un tact exquis pour ménager les susceptibilités du dedans, soutenir les comparaisons, les appréciations du dehors, la R. Mère Angèle (1) et sa compagne, la Mère

(1) Ne pas confondre cette Mère avec la Mère Angèle André, venue plus tard à Saint-Quentin.

Cleb, jouissant des sympathies et de l'estime générale.

Rien ne peut donner une plus haute idée des qualités et des vertus de la Révérende Mère Henriette que ce qui se passa en ce moment.

Il y avait six mois qu'elle était Supérieure de la maison de Vienne que personne ne s'en était encore aperçu dans la ville, tant elle avait pris soin de s'effacer, pour mettre en relief la vénérable Supérieure qu'elle remplaçait. Toutefois la vérité se fit jour. Tant de modestie, d'oubli de soi, d'humilité sincère lui gagnèrent promptement les esprits et les cœurs.

Le clergé se montra tout dévoué à sa personne et à la maison qu'elle venait relever. M. Chatrousse, alors archiprêtre de Saint-Maurice de Vienne, sur la paroisse duquel se trouvait la Maison de la Nativité, voua dès les commencements, à la R. Mère Henriette, une de ces affections saintes qui survivent à toutes les séparations, à toutes les vicissitudes de la vie.

Le Dieu de Bethléem, dont la Révérende Mère avait si bien emprunté l'esprit et les vertus auprès de la crèche, ne pouvait manquer de bénir l'œuvre de l'humble Supérieure. La maison de Vienne devint bientôt, sous son habile direction, l'un des établissements les plus prospères et les plus estimés de toute la congrégation. Le pensionnat prit un nouvel essor; l'éducation et l'instruction données à ses élèves répondaient pleinement aux désirs, aux espérances des familles.

A l'intérieur de la Communauté, régnaient la paix, l'union, le bonheur. Rien n'échappait aux regards, à la sollicitude de la Révérende Mère; chacune de ses filles trouvait auprès d'elle un facile accès, et ne la quittait jamais sans emporter lumière et consolation.

Neuf années s'étaient écoulées ainsi, lorsqu'un événement inattendu vint attrister la

Communauté, le pensionnat et la ville de Vienne.

Dans la maison de Valence où la Mère Henriette s'était trouvée primitivement, des changements avaient eu lieu. A la Mère Molin avait succédé dans la charge de Supérieure générale, la Mère Tranchant des Iles. Son triennat venait de finir. La Congrégation élut à une grande majorité, pour la remplacer, la Mère Henriette.

Cette nomination fut pour la vénérée Mère un vrai coup de foudre. Elle ne pouvait comprendre qu'on eût jeté les yeux sur elle. Toutes les religieuses, à l'entendre, avaient plus de capacité, de talents et surtout de vertus qu'elle-même; comment pouvait-on songer à la mettre à leur tête? Ses larmes coulaient en abondance; cette fois encore, il fallut obéir, quitter Vienne où si grand nombre de personnes l'affectionnaient; laisser cette chère maison qui lui avait coûté tant de soins, de sacrifices! Les regrets unanimes de ses filles, comme les siens propres, furent adoucis par la nomination à la charge de Supérieure, de la Mère Louise, son assistante, qu'on estimait beaucoup.

On peut deviner comment fut reçue à la Nativité de Valence la Révérende Mère Henriette, dans cette maison où elle avait laissé les meilleurs souvenirs et où l'avait précédée sa réputation de haute sagesse et de maternelle bonté. Elle y appela, pour lui confier la charge de secrétaire générale, la Mère Pauline Regnaud; les mêmes joies, les mêmes peines, le même dévouement devaient attacher ces deux âmes l'une à l'autre jusqu'à la mort.

Il y avait quelque temps que la Révérende Mère exerçait son généralat, s'efforçant d'imprimer à toute la Congrégation, particulièrement à Valence, le même élan qu'elle avait donné à Vienne, lorsqu'elle dut se rendre à La Mure où elle était appelée à faire tant de bien ; mais son séjour n'y fut pas long : l'air trop vif de ce pays nuisit fortement à sa santé. Mgr de Bruillard, évêque de Grenoble, qui l'avait en si grande estime, et sous l'obédience duquel se trouvaient les quatre maisons de la Nativité fondées dans son diocèse, se hâta de la faire changer d'air ; il lui assigna la maison de Roussillon, comme l'une des plus saines et des plus agréables de l'Isère.

La Révérende Mère Henriette y fut accueillie avec bonheur ; elle y était connue de plusieurs religieuses, notamment de la Mère Assistante qu'elle avait reçue elle-même si cordialement, lors du voyage de cette dernière à Vienne.

On lui prodigua, avec la plus tendre charité, les soins nécessités par son état de souffrance. Mais au bout de quelque temps, la R. Mère, voyant qu'elle ne pouvait plus répondre aux efforts de son zèle ni faire le bien qu'elle aurait désiré, écrivit à Mgr Bruillard pour le prier d'agréer sa démission de Supérieure générale. L'évêque de Grenoble ne pouvait céder qu'avec le plus grand regret aux supplications de la Révérende Mère Henriette. Il réfléchit, pria et enfin chargea M. Testou, son premier grand-vicaire, de se rendre à Roussillon, pour recevoir canoniquement la démission de la Révérende Mère. La Mère Angèle André, alors Supérieure de la Nativité de Roussillon, reçut l'ordre d'y convoquer une assemblée générale des Supérieures et des Assistantes de toutes les maisons de la Nativité.

Au jour et à l'heure indiqués, M. le Vicaire général se rendit à la salle du chapitre où l'attendaient les Mères convoquées. Il leur fit connaître le motif de cette réunion générale; un silence solennel suivit ses paroles... Alors la vénérée Mère Henriette quitta sa place, se mit à genoux au milieu de l'assemblée, exposa les raisons de sa demande, s'accusa très humblement des fautes

qu'elle avait pu commettre pendant son généralat, puis alla prendre la place que lui in-
diquaient les Constitutions.

M. Testou lut à haute voix l'acte par lequel il acceptait, au nom de Mgr de Grenoble,
la décharge demandée ; fit le plus bel éloge
.de la Mère Henriette et engagea chacune à
invoquer l'Esprit-Saint pour élire, sous l'inspiration divine, celle qui devait lui succéder.

A partir de ce moment, la Mère Henriette
demeura à Roussillon comme simple religieuse, édifiant tout le monde par sa modestie, sa haute piété, sa parfaite discrétion,
sa charité si aimable. Le calme, la solitude,
la délivrance de tout souci sérieux, le bonheur de vivre dans l'humilité et l'obéissance,
rétablirent sa santé plus rapidement qu'on
n'avait osé l'espérer d'abord.

CHAPITRE III

DE LA DÉMISSION DE LA MÈRE HENRIETTE COMME
SUPÉRIEURE GÉNÉRALE, A SON DÉPART POUR
SAINT-QUENTIN.

La charmante propriété de la Nativité à
Roussillon était, en effet, bien propre à
rendre de la vigueur à une santé si précieuse et trop promptement altérée. Une
avenue de platanes conduisait à la maison
entourée elle-même de vastes jardins et
d'un clos de plusieurs hectares. De longues
allées ombreuses ou bordées de rosiers
fleuris protégeaient contre les ardeurs du
soleil brûlant de l'été, en même temps
qu'elles réjouissaient les regards. L'étang

2

où se jouaient les poissons donnait aussi sa fraîcheur ; mille fleurs variées embaumaient l'air.

Le divin Maître avait ses vues lorsqu'Il fit choisir cette riante solitude pour le lieu de repos de la Mère Henriette. Il voulait ainsi préparer son corps et son âme à la réalisation d'un grand dessein, secret encore de sa paternelle Providence.

A l'époque où la Mère Henriette avait été Supérieure à la Nativité de Valence, elle avait eu des rapports spirituels avec le R. P. Sellier, jésuite d'un grand mérite, dont toute la France connaissait le nom, le zèle infatigable et l'austère pénitence. Depuis, il avait été appelé à la résidence de Saint-Acheul, près Amiens. A ce moment, en 1836, un Père de la même compagnie, le R. P. Dutems, alors à N.-D. de Liesse, fut demandé à Saint-Quentin, dans le département de l'Aisne, par M. Grandmoulin, archidiacre de cette ville, afin d'y prêcher

une retraite préparatoire à l'érection d'un
chemin de Croix dans la Collégiale. Là,
comme partout ailleurs, la parole du R. Père
produisit des fruits merveilleux; les pécheurs se convertirent en grand nombre;
les âmes déjà fidèles se sanctifièrent davantage. Une chose avait frappé le R. Père
durant le cours de sa mission : l'ignorance
évidente et trop générale des choses de la
religion dans les hautes classes de la
société; il en attribua la cause à l'absence
absolue d'un pensionnat religieux pour les
jeunes filles des premières familles de la
ville. Tandis qu'il se livrait à ses réflexions
à ce sujet, les pieuses sœurs de la Croix,
qui avaient assisté à toutes ses prédications,
priaient avec ferveur.

Vénérables débris d'une communauté
fondée en 1625, établie à Saint-Quentin de
puis 1672, elles avaient vu les différents
membres de leur petite société dispersés
par la tourmente révolutionnaire; leurs biens

avaient été confisqués; leur maison seule leur restait parce que, bien que transformée en prison, elle n'avait pas été abandonnée par la digne Supérieure, Mère Hunégonde. On a vu, dans l'introduction de cet ouvrage, que l'énergique sœur l'avait constamment occupée, au milieu des détenus et des gendarmes dont elle avait su se faire grandement respecter.

Aussi avait-elle pu offrir un asile aux quelques sœurs de la Croix qui, après le calme rétabli, revinrent avec bonheur la retrouver et rouvrir leurs classes. Mais le petit nombre de leurs sujets, l'insuffisance de leurs ressources en tous genres, ne leur permettaient pas de répondre aux besoins et aux désirs des familles. En vain avaient-elles cherché à s'affilier à d'autres congrégations; elles voyaient leur œuvre près de s'éteindre!

Les choses en étaient là, lorsque arriva le P. Dutems. Après l'avoir entendu plusieurs

fois, frappées de l'air de sainteté répandu
dans toute sa personne, attirées vers lui
par un secret et puissant instinct, elles se
demandèrent s'il ne serait pas l'homme de
la droite de Dieu pour venir à leur aide.
Pleines de cette idée inspirée assurément
par le ciel, la Mère Hunégonde et la Mère
Victoire allèrent le trouver, lui firent l'ex-
posé simple et précis de leur situation, ré-
pondant avec confiance aux questions que
le saint religieux jugea à propos de leur
adresser. Il leur promit de s'occuper d'elles
le plus activement possible ; nous allons
voir s'il tint parole.

Quelques semaines plus tard, le R. Père
Dutems se trouvait à Saint-Acheul. Il y
rencontra le R. P. Sellier avec lequel il
s'entretint fort longuement de tout ce qui
s'était passé à Saint-Quentin. Ces deux
âmes étaient faites pour s'unir dans un
même zèle, dans un ardent désir du bien
et de la gloire de Dieu ; pour travailler

ensemble à la restauration d'un établissement qui, d'après les témoignages des premiers ecclésiastiques du diocèse de Soissons,
rendait, depuis près de deux cents ans,
d'importants services à la ville de Saint-
Quentin, y jouissait d'une confiance très
méritée et pouvait être appelé à y faire, par
la suite, plus de bien encore. Il ne fallait
pour cela qu'adjoindre quelques sujets capables et distingués, aux membres de la
Communauté en péril.

Un trait lumineux vint du ciel dans l'esprit du P. Sellier. Immédiatement la pensée
de la Mère Henriette se présenta à lui. En
peu de mots, il la fit connaître au P. Dutems.
Tous deux la regardèrent dès lors comme
la restauratrice choisie de Dieu pour cette
œuvre. Ils se promirent de prier fervemment
et, pour attirer les bénédictions d'En-Haut
sur les démarches qu'ils allaient entreprendre, ils soumirent leurs projets et leurs
espérances au R. P. Solente, leur Supérieur.

Celui-ci approuva fort leur dessein et voulut bien unir ses prières à celles des fervents religieux.

Peu de jours après, la Mère Henriette recevait, du R. P. Sellier, une lettre qui lui exposait la situation des sœurs de la Croix, les désirs et les projets des Révérends Pères et lui faisait pressentir que Dieu l'appelait à concourir à cette belle œuvre, en la choisissant pour raviver cette Communauté avec plusieurs de ses compagnes.

Rien ne pourrait dépeindre le trouble qui s'empara alors de l'âme de la Mère Henriette, elle qui avait tant de fois béni le Seigneur des jours paisibles, de la vie cachée qu'elle coulait si agréablement dans sa chère solitude de Roussillon, nommée par les Supérieurs *la demeure des Moïses de l'Ordre!* Oh! elle comptait bien y finir ses jours dans l'obéissance et l'humilité, et voici qu'on lui proposait, en outre de l'échange du Dauphiné contre le Vermandois, une

nouvelle vie de sacrifices, d'abnégation entière, et une terrible responsabilité.

Émue, perplexe au delà de toute expression, elle saisit une plume et déversa toutes
ses angoisses dans le cœur de son évêque
et de son père, Mgr de Grenoble : « Je
ne comprends pas, lui écrit l'humble religieuse, je ne puis croire que Dieu veuille
se servir de moi pour accomplir l'œuvre
dont me parle le R. Père Sellier. Il sait
combien je suis incapable, propre à détruire
plutôt qu'à consolider. Oh! Monseigneur,
laissez-moi vivre dans l'ombre et dans la
solitude! Mieux vaut mille fois obéir que
commander. »

« Oui, ma chère Fille, lui répondit le sage
Prélat, vous avez grandement raison; il est
bon, très bon de vivre caché et solitaire
quand Dieu le veut; mais du moment où Il
ne le veut plus, il faut tout quitter par obéissance; c'est ce qu'il vous demande en ce
jour. Au reste, priez encore, consultez N.-S.,

je m'unirai à vous. Écrivez au P. Sellier; dites-lui ce qui se passe en votre âme et assurez-le de ma part que ses desseins me paraissent être l'expression de la volonté de Dieu. »

Quoi qu'il en fût, la Mère Henriette écrivit le jour même au P. Sellier qu'elle ne se sentait nul attrait pour l'œuvre qu'il lui proposait; que d'ailleurs, ayant tout à redouter de son incapacité, il lui semblait qu'elle ne serait qu'un obstacle au bien qu'il voulait faire. Elle lui transmettait toutefois fidèlement les paroles de Mgr de Bruillard.

Dans les moments qui suivirent le départ de cette lettre, la pauvre Mère sentit son cœur soulagé; mais le lendemain, ses perplexités revinrent plus vives, plus poignantes. N'avait-elle pas cherché à se soustraire à la volonté divine? N'y avait-il pas, dans son refus, un manque de courage? N'était-ce pas fuir les croix, les humiliations? Enfin l'amour du repos n'avait-il pas plus de part dans sa détermination que l'amour de la vie abjecte et cachée?... Nouvelles alarmes, nouvelles craintes. Dans cette crise intérieure, elle comprit que Dieu seul pouvait l'éclairer, la consoler; elle se rendit à la chapelle et se prosternant devant le Tabernacle, elle donna un libre cours à ses larmes, mais aussi à ses ferventes supplications. « O mon divin Maître, parlez, je vous en prie, à mon pauvre cœur; dites-moi ce qu'il faut que je fasse. Mon unique désir est de vous plaire, d'accomplir votre volonté; je me livre, je m'abandonne; plutôt mourir que de vous résister. » La pieuse Mère passa une heure en oraison et se releva fortifiée, attendant de nouveaux indices de la volonté du Seigneur.

Dès que le R. P. Sellier eut pris connaissance de la lettre de la Mère Henriette, il la communiqua au P. Dutems. Celui-ci n'en demeura que plus convaincu qu'elle était appelée de Dieu pour la restauration projetée.

Le P. Sellier écrivit de nouveau à la Mère Henriette que, loin de s'étonner de ses hésitations, de ses répugnances même, il les comprenait et ne les blâmait pas. L'esprit du mal redoutait le bien qui devait ressortir de la nouvelle entreprise et ne pouvait qu'employer toutes ses ruses pour la faire avorter. « Mais ne craignez rien, lui ajoutait-il, le doigt de Dieu est là. Sa divine main conduira cette affaire, Dieu saura vous aplanir les difficultés et triompher de votre cœur lui-même. Priez beaucoup; je m'unirai à vous; gardez-vous de résister à la grâce. »

Dès ce moment, une correspondance plus active s'établit entre le R. Père et la future restauratrice de la Croix. Le P. Dutems, frappé de la sagesse, de la prudence, de l'esprit de foi et de piété que révélaient toutes les lettres de la Mère Henriette, lui écrivit lui-même et lui dépeignit avec une si profonde et si douce persuasion la paix, le bonheur d'une âme qui s'abandonne au bon plaisir de Dieu, s'y dévoue jusqu'à suivre son divin Maître, fût-ce même au Calvaire, qu'il conquit cette âme à Jésus crucifié.

D'autre part, la Mère Pauline Regnaud, sa secrétaire, qui l'avait suivie de maison en maison et méritait à tous égards son attachement et sa confiance, lui répétait sans cesse que la nouvelle position qu'on lui offrait semblait être voulue de Dieu, et la pressait de l'accepter.

Après de nouvelles réflexions mûries à l'ombre du sanctuaire, après des assurances multiples reçues de Saint-Acheul, la Mère Henriette craignit de mettre obstacle à la réalisation d'une œuvre conçue sous l'inspiration divine, par deux saints religieux; elle écrivit enfin aux R. P. Sellier et Dutems que Mgr de Grenoble, sans l'autorisation duquel elle ne voulait rien faire, approuvant l'entreprise, elle se rendait à ce qu'on demandait d'elle; mais qu'elle désirait, de la part de Sa Grandeur, une lettre d'obédience qui sanctionnât sa sortie du diocèse et son départ pour celui de Soissons.

Déjà Mgr de Simony avait été à même, par un échange de lettres avec Mgr de Bruillard, de s'assurer du concours et de la bienveillance de l'évêque de Grenoble, qui lui avait promis de lui céder quelques sujets éminemment propres à remplir le but qu'on se proposait. De plus, Mgr l'évêque de Soissons venait de charger M. de Bully, l'un de ses Vicaires généraux, d'écrire en son nom à la Mère Henriette, pour lui proposer de venir prendre la direction de la Communauté de la Croix à Saint-Quentin.

M. le Vicaire général, qu'une exquise délicatesse caractérisait toujours, l'employa tout entière à convaincre Mme Henriette que Dieu lui-même la voulait à ce poste et lui en faciliterait la route, quelque ardue qu'elle pût lui paraître d'abord.

A tant de témoignages et d'assurances que lui donnaient des hommes éminents, éclairés, la Mère Henriette ne sut plus opposer de résistance. Elle répondit à M. de Bully :

« Monsieur le Grand-Vicaire,

« Je vous remercie de tout ce que vous me dites de bon, d'encourageant et de persuasif; je ne crains qu'une chose, c'est que mon incapacité ne soit pas connue, et qu'après m'avoir jugée trop favorablement, vous et toutes les personnes qui me portent un si grand intérêt, n'ayez à regretter un jour d'avoir fait choix d'un sujet si peu propre à répondre à vos vues; une déception de ce genre serait pénible pour tous. Si néanmoins vous persistez à faire choix d'une si pauvre créature, je me permets d'ajouter qu'il me paraît indispensable que Mgr de Simony soit au courant du manque complet de ressources où je me trouve et que Sa

Grandeur daigne traiter cette affaire avec Mgr de Grenoble, mon Supérieur actuel.

« Veuillez donc, Monsieur le Grand-Vicaire, communiquer ma lettre à Monseigneur et l'engager à faire une démarche qui sera pour moi une nouvelle preuve du désir qu'il a de me voir, ainsi que mes coopératrices, travailler, dans son diocèse, à la gloire de Dieu et à l'éducation de la jeunesse qu'on voudra bien confier à nos soins. »

Cette démarche ne se fit pas attendre : quelques jours plus tard, la Mère Henriette recevait, de Mgr de Grenoble, communication de la demande que lui adressait Mgr de Soissons, du choix qu'il faisait d'elle et de la bienveillance qui était assurée à celles de ses sœurs qui voudraient bien la suivre.

« C'est vous que j'interroge, lui disait le digne Prélat ; vous seule pouvez résoudre la question ; que dois-je répondre à Mgr de Simony ? »

La soumise et humble Mère envoya tout de suite les lignes suivantes :

« Vos sages conseils, Monseigneur, sont des ordres pour moi. Il m'en coûtera, plus que je ne puis le dire, de quitter ce diocèse, dont le saint Évêque est pour nous un protecteur et un père ! L'une de mes consolations sera d'être toujours comptée au nombre de vos filles, de suivre partout et toujours vos sages enseignements, persuadée alors de faire la volonté de Dieu et de lui être agréable. »

Monseigneur ajouta un ordre à tout ce qu'il avait déjà dit :

« Partez, ma fille, conservez à jamais vos bonnes dispositions. La main de Dieu vous guidera et vous bénira. »

Une nouvelle lettre du P. Dutems, non moins pressante que celles qui l'avaient précédée, détermina la Mère Henriette à envoyer sans délai sa pleine adhésion à tout ce que l'on demandait d'elle. Elle prépara aussitôt son départ de la Nativité, de manière à ce qu'il se fît sans bruit et sans graves inconvénients pour cette Congrégation qu'elle aimait et qui devait toujours avoir une large part dans ses meilleurs souvenirs.

La maison de la Nativité de Roussillon comptait alors une quarantaine de personnes. Mère Henriette sut inspirer à quelques-unes la volonté de la suivre; elle mit dans ses confidences la Supérieure même de Roussillon, Mère Angèle André; son Assistante, Mère Aloysia Nouvion; une coadjutrice, Sœur Maria Echinard. La Mère Pauline Regnaud était toute prête à les accompagner.

Le triennat de la Supériorité de la Mère Angèle touchait à sa fin; la charge de Maîtresse générale qu'exerçait la Mère Aloysia pouvait être remplie par une autre; Mère Henriette n'hésita pas à dire à ces deux religieuses qu'il lui semblait que Dieu voulait les lui donner pour compagnes et pour auxiliatrices. Celles-ci ne trouvèrent rien de mieux à faire que de consulter leur évêque. Mgr de Grenoble leur répondit le 18 mai 1834 :

« Je ne puis, mes chères Filles, m'opposer à ce que je crois être la volonté de Dieu sur vous, quoi qu'il m'en coûte de vous perdre. Mandez-moi comment vous pensez devoir être remplacées dans la conduite de la maison et du pensionnat. Occupez-vous de **rendre** vos comptes et faites-vous donner une décharge par votre Conseil.

« Priez et faites prier ; votre dessein est grave. La Mère Henriette se trouve dans une position plus favorable que la vôtre ; aussi lui ai-je envoyé tout de suite mon adhésion.

« Recevez, mes chères Filles, ma paternelle bénédiction.

« PHILIBERT, évêque de Grenoble. »

L'humble Mère Angèle répondit que nulle

n'était moins nécessaire qu'elle ; que son assistante pouvait être facilement remplacée ; et que, d'ailleurs, elle-même croyait trouver en cette circonstance le moyen de vivre ignorée et cachée, selon ses plus vifs désirs.

Pendant ces explications, une nouvelle lettre de M. de Bully pressait le départ.

« Les Sœurs de Saint-Quentin, écrivait-il à la Mère Henriette, ont reçu, avec grande satisfaction, l'annonce du précieux secours qui leur est procuré par votre entremise. Il est bien entendu que c'est à vous, Madame, que Monseigneur confiera l'autorité et toutes les fonctions de Supérieure. Le titre canonique vous en sera remis par Sa Grandeur elle-même.

« J'ai toute confiance, Madame, que Dieu bénira une entreprise formée dans le seul but de procurer sa gloire et vous acquerrez personnellement de grands mérites en consacrant à cette œuvre tout ce qu'il vous a été donné de précieux moyens d'en assurer le succès.

« Je vous offre d'avance, Madame, avec la bénédiction de Monseigneur, pour vous et pour vos consœurs, l'assurance personnelle de mes sentiments respectueux et dévoués en N.-S.

« De Bully,
Vicaire général. »

La digne Mère Henriette assura M. de Bully de toute sa reconnaissance et lui annonça son prochain départ. Elle et ses compagnes de voyage hâtèrent leurs préparatifs, Mgr de Grenoble ayant envoyé la lettre d'obédience désirée. Il y joignait une lettre de recommandation à remettre à Mgr de Simony et les lignes suivantes à l'adresse de la Mère Angèle :

« Quant à votre vœu de Pauvreté, je connais votre parfaite fidélité à toutes, à ce vœu essentiel ; soyez-y de plus en plus attachées ;

néanmoins, disposez de ce qui vous est absolument nécessaire.

« Il est convenable que vous soyez toutes relevées des vœux de Pauvreté et d'Obéissance que vous avez faits selon la règle de la Nativité; je vous en relève. Il vous reste votre vœu de Chasteté qui vous est, je le sais, plus précieux que tout l'univers et même que la vie.

« Allez, mes chères Filles, que le Seigneur bénisse votre départ et que sa main divine vous guide. Je souhaite succès et accroissement à l'œuvre que vous allez entreprendre. Croyez que si vous ne réussissez pas, vous serez toujours admises dans mon diocèse, et facilement incorporées à un ordre existant.

« Priez pour celui qui sera toujours votre Père et qui ne vous oubliera pas au saint Autel.

« Philibert, évêque de Grenoble. »

CHAPITRE IV

DU DÉPART DE LA MÈRE HENRIETTE POUR SAINT-QUENTIN JUSQU'A SON ARRIVÉE DANS CETTE VILLE.

Depuis le moment où les futures restauratrices avaient reçu leur lettre d'obédience jusqu'à celui où devait s'effectuer le départ, chaque endroit, chaque personne de la maison recevait leurs muets adieux. Il était impossible que les tortures qui oppressaient les cœurs ne se trahissent pas sur les physionomies. Aussi, malgré toutes les précautions prises, la Communauté commençait à pressentir un événement inattendu. Quelques touchantes instances, des sanglots étouffés révélèrent qu'il était urgent de presser les préparatifs, si l'on ne voulait pas voir le projet échouer tout d'un coup. Il fut donc convenu que la nuit même, on se mettrait en mesure pour partir dès le point du jour. Les moindres mouvements trouvaient un écho dans le silence de la nuit; plusieurs religieuses étaient aux aguets; il fallait tromper leur veille inquiète; on y parvint à grand'-peine. La Mère Henriette se rendit avec ses coopératrices à la chapelle pour y obtenir la grâce de consommer leur sacrifice. Ainsi faisaient les preux sur le point d'entreprendre un lointain voyage.

L'aube blanchissait l'horizon à la naissance de cette mémorable journée du 16 juin 1837, lorsque les quatre Mères et la sœur coadjutrice désignées franchirent le seuil de leur couvent pour n'y jamais revenir! Une voiture les attendait qui devait les conduire au Péage. Tant qu'elles n'eurent pas quitté les lieux qui les avaient vues naître, plusieurs des voyageuses eurent à éprouver de véritables déchirements de cœur! L'une abandonnait sa mère, son frère, sa famille pourtant si chérie! l'autre disait un dernier adieu à un père déjà courbé sous le poids des ans, à un frère aimé, à d'autres parents bien chers. C'était une voie douloureuse que l'on suivait! Ces souffrances intimes, comprises plus tard par d'autres cœurs, leur inspiraient quelques accents poétiques qu'ils prêtaient à l'une des voyageuses :

Quoi! de ces lieux bénis faut-il donc m'arracher!
Aux regards des mortels je m'y voulais cacher!
O toi, qu'un soleil d'or si souvent illumine,
Solitude charmante, ô ma chère colline
Que les feux du matin et la pourpre du soir,
Que tes riants bosquets rendaient si belle à voir,
Toi que rafraîchissaient des eaux toujours limpides,
Toi dont l'air embaumé suivait mes pas timides,
Témoin de mes ébats, de mes ris innocents,
Toi dont les frais échos redisent mes accents;
Dis, quand j'aurai quitté tes arbres séculaires
Qui me virent souvent égrener mes rosaires,
Ah! dis-moi que du moins quelqu'une de mes sœurs,
Avec bien des Pater, viendra verser des pleurs!...

Oui, dans mon souvenir, ô mes Sœurs bien-aimées,
Vos mémoires vivront, de vertus parfumées...
Frère, adieu ! cache-moi ton regard attendri !
Adieu, mon Père ! adieu, Père trois fois chéri !
Ah ! c'en est trop ! restons !... c'est trop de sacrifices!...
Mais qu'ai-je dit, Seigneur?... J'oubliais vos supplices !
Céleste Époux, je veux partager votre sort :
Jésus ! je suis à vous, à la vie, à la mort!...

La petite colonie allait de renoncement en renoncement ; on s'était promis, comme dernière jouissance, de s'arrêter un moment dans ce couvent de Vienne où la Révérende Mère avait laissé de si délicieux souvenirs ; mais on comprit que la prudence demandait encore ce sacrifice. Il fallut donc passer devant les murs de cette chère maison, ne leur donnant qu'un regard et mille regrets ! Six heures du soir sonnaient lorsqu'on entrait à Lyon. La parente de l'une des Mères, prévenue à temps, leur avait abandonné les clefs de sa maison de ville, tandis qu'elle était à la campagne. Les voyageuses purent donc s'y installer fort commodément et y retrouver avec bonheur leur vie régulière. Le lendemain matin, au sortir de la sainte Messe qu'elles avaient entendue chez les Sœurs de Charité proches de là, une calèche les attendait par les soins du frère de l'une d'elles, pour les conduire chez une bonne tante qui avait eu l'attention, non seulement de leur préparer un repas choisi, mais encore d'envoyer à la campagne tous les messieurs et les petits enfants de la maison. Le soir, la même voiture reconduisait les religieuses à leur premier domicile. Il fut convenu que le lendemain de très bonne heure, on se rendrait à Notre-Dame de Fourvières, pour demander à la Très Sainte Vierge toutes ses bénédictions sur le voyage et le dessein entrepris. A trois heures du matin, chacune était sur pied, prête à gravir la sainte colline.

Déjà Notre-Dame montrait aux ferventes religieuses sa maternelle protection. La douce Mère Angèle qui, la veille, s'était foulé

le pied et n'avait pu faire quelques pas sans
que l'enflure augmentât considérablement,
put monter à Fourvières, y entendre à genoux plusieurs messes, et descendre la
sainte montagne sans trop de fatigue.

A dix heures du soir, les voyageuses
montaient en diligence. Les adieux étaient
faits! Toutes le sentaient si vivement que
nulle ne cherchait le regard de ses compagnes; on aimait mieux rester seule avec
Dieu, avec ses pensées, ses regrets, ses souvenirs et cette appréhension qu'on éprouve
toujours en face d'un avenir inconnu.

La Révérende Mère Henriette comprit qu'il
fallait soustraire ses filles à une sombre tristesse. L'intérieur de la diligence était occupé
par les religieuses seules. Il était donc facile
de s'en faire une sorte de salle de Communauté. On convint de suivre, heure par heure,
le règlement habituel; l'oraison, le saint
Office, le chapelet, une pieuse lecture même,
eurent leur moment assigné, ainsi que les

repas et les récréations. Ce sage et pieux emploi du temps détourna les tristes pensées, trompa les esprits sur la longueur du trajet. Du reste, aux moments où il était permis de rompre le silence, quelques remarques sur les sites qu'on parcourait; la spirituelle et piquante originalité de la Mère Pauline, et par-dessus tout, la maternelle sollicitude de la Mère Henriette faisaient goûter d'agréables distractions, nous allions dire, trouver presque des charmes à ce voyage. N'y en avait-il pas de réels dans l'union des cœurs, dans la soumission à la divine volonté ?

Ainsi se passèrent les journées du 19, 20 et 21 juin. Le soir du 22, on arrivait à Paris. L'heure trop avancée ne permit pas aux voyageuses de se rendre au couvent de Notre-Dame, dit des Oiseaux, que leur avait indiqué le R. Père Dutems, comme prêt à les recevoir. Elles préférèrent passer cette première nuit chez un parent de l'une d'elles, qui leur avait offert gracieusement l'hospitalité.

Dès le lendemain, elles se rendirent au couvent des Oiseaux. Rien ne peut dépeindre leur contentement intime de se retrouver dans une maison religieuse. Une statue de la Très Sainte Vierge qu'il y avait dans le salon où elles furent introduites, reçut leurs premiers hommages et leurs premiers remerciements. Il serait difficile de dire avec quelle aménité, quelle charité affectueuse et digne, elles furent accueillies par la Révérende Mère Supérieure, si bonne qu'elle n'était guère connue que sous la tendre dénomination de *Maman Sophie;* toute la Communauté se montra également aimable, bienveillante, au point que plus de cinquante-huit ans écoulés n'ont pu affaiblir le souvenir reconnaissant qu'on en garde à la Croix.

La Révérende Mère Henriette apprit avec bonheur que le Père Sellier donnait en ce moment une retraite au Sacré-Cœur de Con-

flans. Elle le prévint de son arrivée, de celle
de ses sœurs; le lendemain, elle recevait
du R. Père une invitation à se rendre à
Conflans avec elles. Au moment où elles y
arrivèrent, le R. Père donnait sa conférence;
d'après ses ordres, elles y furent admises;
puis eut lieu l'entrevue qui laissa chacune
sous la plus heureuse impression.

La Révérende Mère Henriette seule paraissait soucieuse; ses filles l'avaient re-
marqué, mais n'osaient lui en demander la
cause. Toujours soigneuse de garder pour
elle-même ce qui aurait pu contrister inuti-
lement les autres, elle s'était bien gardée
de leur faire connaître le sujet de ses perplexités. La veille, elle avait vu un Monsieur
de la ville de Saint-Quentin, de la bouche
duquel elle avait appris de décevantes nouvelles! Les sœurs de la Croix jouissaient
bien de leur Maison, en effet; mais à défaut
d'une formalité négligée par elles, les Hospices pouvaient, d'un moment à l'autre, en

revendiquer la possession. Qu'on juge de la peine, de l'anxiété de la Révérende Mère ! Être venue de si loin, avoir engagé ses sœurs à la suivre, et n'avoir pas un asile assuré à leur offrir !

La Mère Henriette n'avait pu entretenir le Père Sellier de sa déconvenue ; elle retourna le lendemain à Conflans avec la Mère Pauline seule. Cette fois, elle put décharger son cœur, exposer au R. Père ses inquiétudes, ses irrésolutions, lui demander ses précieux avis. Le Père surpris, mais non déconcerté, l'engagea à se confier en la Providence qui ne l'avait pas si bien protégée jusque-là pour lui faire ensuite défaut ; il lui indiqua la marche à suivre, lui promit le concours de son zèle et de ses prières.

Ainsi réconfortée, la Révérende Mère revint aux Oiseaux, assura la Communauté de Notre-Dame de son perpétuel et reconnaissant souvenir, et à huit heures du soir, monta de nouveau en voiture pour arriver le lendemain, dès le point du jour, à Soissons. Les portes des églises n'étant pas encore ouvertes à une heure si matinale, les ferventes voyageuses se rendirent sous le porche pour y faire leur prière du matin et commencer leur oraison. Peu après, elles purent entrer à la cathédrale. Avec quelle ferveur elles y prièrent le divin Maître de bénir leur première entrevue avec M. de Bully, Vicaire général de Mgr de Soissons!

Ce vénérable ecclésiastique, aussi bon que distingué, reçut la Révérende Mère avec l'affabilité qui le caractérisait. Cette visite fut de courte durée; M. le Grand-Vicaire allait célébrer le saint Sacrifice. La messe fut dite pour le succès de l'entreprise et à l'autel du Sacré-Cœur, ce qui donna confiance à toutes. Après l'action de grâces, M. de Bully invita la Révérende Mère et ses filles à déjeuner chez lui; c'est alors qu'il les entretint de ce que la Mère Henriette savait déjà. Grand fut le désappointement de chacune! on se demandait s'il était prudent de poursuivre, s'il ne valaitpas mieux reculer. M. le Vicaire général prodigua ses encouragements, ses conseils, engageant fortement les nouvelles venues à se rendre à N.-D. de Liesse où elles trouveraient Mgr de Simony et le R. P. Dutems. Puis, il leur donna sa plus paternelle bénédiction, les assurant de celles du Ciel pour le succès de l'œuvre qu'elles allaient entreprendre.

Dès neuf heures du matin, la petite colonie se mettait en route pour Laon. Elle devait, d'après les indications de M. de Bully, visiter le vénérable M. Lefin, aumônier de l'Hôtel-Dieu, et passer ce jour et la nuit suivante dans la Communauté, afin de prendre le lendemain la voiture de Liesse pour y rejoindre M. le Vicaire général.

Déjà le R. Père Sellier avait parlé à la Mère Henriette de M. l'abbé Lefin comme d'un prêtre des plus estimables et des plus estimés du diocèse; il lui avait dit aussi l'heureuse influence qu'il pourrait exercer sur les esprits saint-quentinois qui le connaissaient de longue date, puisqu'il avait contribué déjà au rétablissement de la petite Communauté de la Croix, après la Révolution.

Ce digne ecclésiastique reçut les religieuses du Dauphiné comme des envoyées du Seigneur; il s'offrit à les conduire tout de suite à Saint-Quentin; mais elles ne lui dissimulèrent pas la peine qu'elles éprouvaient de n'avoir pas connu, avant leur départ de Roussillon, la véritable situation des sœurs de la Croix; leur intention formelle de se rendre à Liesse pour y voir Monseigneur et lui soumettre le désir qu'elles avaient de retourner dans leur pays. Le vénérable aumônier les conduisit à l'Hôtel-Dieu où Mme la Supérieure et ses religieuses firent l'accueil le plus cordial aux nouvelles arrivées. Plusieurs des sœurs hospitalières étaient proches parentes de celles de la Croix. Elles purent donc assurer les voyageuses de l'impatience avec laquelle les attendaient leurs futures sœurs et leur parler tout au long des vertus, de la bonté qui faciliteraient pour toutes le bonheur de ne faire qu'une seule famille.

La digne sœur Sainte-Salaberge offrit aux voyageuses de les faire accompagner à la cathédrale de Laon dont elles admireraient la splendide architecture et où elles pourraient y vénérer l'image de la Sainte Face, fidèle copie de celle qui est conservée à Rome.

Il leur fut expliqué qu'en 1249, Jacques Pantaléon, archidiacre de Laon, devenu plus tard pape sous le nom d'Urbain IV, se trouvant à Rome près du Souverain Pontife dont il était chapelain, envoya cette image à sa sœur Sybille, abbesse du couvent de Montreuil, non loin de la Capelle, près de Rocquigny. « Traitez-la, lui dit-il, avec piété, « avec amour; rendez-lui de grands hon- « neurs, afin que cette auguste contempla- « tion profite à votre âme. Les person-

« nages de qui nous la tenons sont des
« saints. » La vénération de la sainte
Image fut récompensée, de N.-S. J.-C.,
par des miracles signalés. Obligées de fuir
pendant les guerres de Flandre, les religieuses allèrent s'établir au pied de la
montagne de Laon et donnèrent à leur nouveau couvent le nom de celui qu'elles quit-
taient. Elles avaient emporté avec elles la
sainte Image. Sauvée de la profanation en
1793, elle fut, lors de la réouverture des
églises, placée dans la cathédrale de Laon.

On devine combien ce récit avait embrasé
les cœurs des religieuses dauphinoises; elles
se prosternèrent devant l'image miraculeuse
avec une ineffable dévotion et reçurent là,
sans aucun doute, de précieuses faveurs.
Elles témoignèrent ensuite toute leur gratitude à M. Lefin, à la fervente Communauté de l'Hôtel-Dieu, toujours vivante dans
l'affection et les souvenirs des religieuses
de la Croix jusque dans les générations ac-

tuelles, et prirent, le 28 juin, dès le matin, la route de Liesse. Elles arrivèrent dans le lieu de leur pèlerinage aux premiers sons de l'Angelus de midi. Immédiatement elles se rendirent à l'église et se sentirent pénétrées, dans ce béni sanctuaire, d'un filial respect, d'un plus tendre amour pour la Reine du Ciel. Le sacristain vint les tirer de leur pieux recueillement pour les prévenir que c'était l'heure où il fermait les portes et leur demander s'il devait accomplir sa tâche ordinaire. « Oh ! oui, répondit aussitôt la fervente Mère Angèle, nous sommes si bien ici! » Le sacristain se retira.

Seules dans le saint Lieu, les religieuses épanchèrent toute leur âme devant le Très Saint-Sacrement. Que d'impressions diverses s'agitaient en elles! N'allaient-elles pas voir et entretenir, pour la première fois, le Père vénéré qui les avait fait venir de si loin, le saint Évêque dont les bénédictions et les avis leur étaient si nécessaires!

La Révérende Mère Henriette eut, comme toujours, une heureuse inspiration : elle commença aussitôt les Litanies de la T. S. Vierge. — A peine étaient-elles finies qu'un séminariste, envoyé sans nul doute par quelqu'un prévenu de la présence des religieuses étrangères, vint leur demander si elles n'arrivaient pas du Dauphiné et si elles désiraient voir le R. Père Dutems. La prudente Mère Henriette, sans répondre à la première question, manifesta le désir de voir le bon religieux. Quelques instants après, elle était introduite avec ses filles dans la sacristie.

L'accueil qui leur fut fait était bien de nature à les encourager. Le R. Père leur parla, les écouta avec le plus touchant intérêt. La Révérende Mère Henriette lui exposa leurs déceptions, leurs craintes, leurs incertitudes, et se plaignit filialement qu'on leur eût laissé ignorer la situation temporelle des sœurs de la Croix. A quoi le P. Dutems répondit qu'il avait craint qu'une semblable révélation fût un obstacle au bien qu'il voulait faire ; qu'il leur avait ménagé des ressources, acquis des protections puissantes, et termina par ces paroles : « Laissez-moi faire, je connais le terrain sur lequel vous allez marcher ; Dieu aidant, je réponds du succès. »

Tant de bienveillance, l'air de sainteté de celui qui prononçait des paroles presque prophétiques, ramenèrent la paix dans les âmes. Toutes sentaient le besoin de se remettre de tant de secousses et d'épreuves. Mgr de Simony était à Laon pour quelques jours. La Mère Henriette crut ne pouvoir mieux employer les heures d'attente qu'en les consacrant toutes à la prière, à la sanctification d'âmes appelées à donner aux autres de leur plénitude. En conséquence, elle sollicita du R. Père la grâce de faire une retraite sous les yeux de Marie et la direction du saint religieux. Le R. Père Dutems acquiesça de tout cœur à cette demande.

Grâce à lui, les religieuses trouvèrent un

asile chez les Dames de Saint-Maur qui répondirent avec empressement à ses intentions. Dans la journée la petite colonie passait les heures de solitude dans le réfectoire et dans le jardin des R. Pères alors absents ; aux moments indiqués, elle se rendait à la chapelle des Enfants de Marie, et recevait là les points de méditation si bien appropriés aux besoins actuels. Ces heures délicieuses s'écoulaient trop rapidement au gré de chacune, parce que toutes rivalisaient de ferveur.

Mgr de Soissons était de retour. Le lendemain de son arrivée, les religieuses dauphinoises eurent le bonheur d'assister à sa messe et d'y communier de sa main.

Dans la matinée, elles durent se rendre au séminaire où les attendait Sa Grandeur entourée de ses vicaires généraux : MM. de Bully et de Garsignies. Monseigneur, instruit par le P. Dutems des pénibles préoccupations de la Mère Henriette et de ses filles, se montra excessivement bon. La Révérende

4.

Mère lui remit les lettres d'obédience et de recommandation que lui avait données Mgr de Grenoble. L'évêque de Soissons lui dit alors très gracieusement : « Vous êtes vous-même, ma Révérende Mère, la meilleure de toutes les recommandations ; vous pouvez compter sur moi, mon appui ne vous manquera pas. »

La conversation s'engagea alors plus active. On délibérait sur les moyens à prendre. Messieurs les Grands-Vicaires demandaient comment on entendait opérer la fusion. Monseigneur voulait connaître les intentions des nouvelles arrivées. Combien de déceptions pour ces dernières en apprenant que les sœurs de la Croix ne jouissaient que des concessions faites à leur mérite personnel, aux services qu'elles rendaient, mais ne formaient pas encore une communauté régulière et n'avaient pas la clôture réclamée instamment par les Mères du Dauphiné ! Ces Messieurs se demandaient si l'on pourrait la permettre. Devant ces hésitations, ces nouvelles difficultés, la Mère Henriette et ses sœurs gardaient le silence, paraissaient tellement abattues que l'on jugea plus à propos de remettre la suite de la délibération au lendemain. Le trouble des pauvres Mères n'avait point échappé à l'excellent M. de Bully; il les accompagna, leur souhaita paix et confiance, leur promettant d'amener Monseigneur à consentir à la clôture.

Rentrées dans leur salle de réunion, les Mères virent le Père Dutems et lui dirent toute leur peine; le R. Père engagea aussitôt la Mère Henriette à écrire à Mgr de Simony.

Dans cette lettre, elle renouvelait la demande expresse de la clôture, sollicitait la nomination d'un des Messieurs les vicaires de Saint-Quentin pour le service de la Communauté et du Pensionnat; l'achat ou la location d'un jardin et les secours pécuniaires indispensables pour ces dépenses. Elle ajoutait que toutes étaient venues pour répondre aux désirs formels de Sa Grandeur, mais qu'elles avaient espéré mener à Saint-Quentin une vie plus parfaite encore que celle qu'elles avaient suivie jusqu'alors. Elle suppliait donc le saint évêque de leur accorder les privilèges dont elle parlait. Toutes signèrent l'humble mais ferme supplique et se rendirent, accompagnées du R. Père Dutems, auprès de Monseigneur et de ses Grands-Vicaires.

La Mère Henriette présenta sa lettre ; Monseigneur en prit immédiatement connaissance, la passa à M. de Bully, qui en fit la lecture à haute voix. Chaque article donnait lieu à de nouvelles discussions. Les pauvres Mères attendaient le résultat dans la plus grande anxiété. Leur souffrance morale n'échappait à personne. Monseigneur ne dissimula point que sa pensée s'était bornée à joindre quelques sujets à la petite Communauté déjà existante. La Mère Henriette, craignant une décision peu favorable, présenta à Mgr de Simony une lettre de l'évêque de Grenoble qui l'autorisait, elle et ses sœurs, à retourner dans son diocèse si, contrairement à sa pensée et à ses espérances, elle rencontrait des obstacles qui l'empêcheraient de s'établir convenablement à Saint-Quentin. Mgr de Soissons promit aux Mères du Dauphiné de faire droit à leurs demandes. Elles se retirèrent consolées, mais brisées encore. M. le Vicaire général de Garsignies avait senti le contre-coup de leur souffrance. Il alla les trouver, les encouragea par les paroles les plus bienveillantes et, dès ce jour, promit sa protection et son dévouement à l'Œuvre naissante. Jamais ils ne lui firent défaut.

Le R. Père Dutems vint ajouter ses consolations, ses espérances à celles qui avaient été déjà données. Les courages se relevèrent, les volontés s'affermirent et l'on continua, mieux que jamais, à recueillir les enseignements du R. Père, pour entrer plus

pleinement et avec toute la perfection possible, dans les vues de la divine Providence.
Le jour était arrivé où il fallait quitter ces
lieux bénis. Ce ne fut pas sans avoir remer-
cié ardemment la Mère de toutes grâces, et
le saint religieux qui en avait été le canal
si précieux et si direct!

Mgr de Simony avait donné rendez-vous à
la petite colonie à la Préfecture de Laon :
« Rassurez-vous, mes bonnes Mères, leur
dit-il alors; Dieu vous veut à Saint-Quentin. Sa grâce aplanira toutes les difficultés;
sa divine main bénira vos entreprises et
fera réussir l'œuvre à laquelle vous allez
vous dévouer. Moi aussi, je vous bénis au
nom du Seigneur; tous mes vœux vous
devancent... Courage! »

De si paternelles paroles, jointes à des
assurances positives touchant les réformes
à faire, dilatèrent les cœurs et remplirent les
âmes de confiance.

M. de Bully voulant dédommager les

Mères du Dauphiné de tout ce qu'elles avaient souffert, résolut, malgré le mauvais état de sa santé, de les accompagner lui-même à Saint-Quentin. Le digne aumônier de l'Hôtel-Dieu de Laon voulut aussi être du voyage.

Dès le matin du 4 juillet 1837, deux voitures emmenaient la petite caravane. Aucun incident ne signala ce dernier voyage, sinon l'aimable accueil que reçut la colonie chez les Sœurs de Charité, à La Fère, où M. de Bully avait fait préparer un déjeuner, après lequel on continua de se diriger vers Saint-Quentin.

CHAPITRE V

DE L'ARRIVÉE DES RELIGIEUSES DU DAUPHINÉ
DANS LA VILLE DE SAINT-QUENTIN, A L'OU-
VERTURE DE LEUR PENSIONNAT EN CETTE
VILLE.

Si tous les cœurs étaient fortement im-
pressionnés dans la voiture des religieuses
à mesure qu'elles approchaient du terme de
leur voyage, d'autres ne palpitaient pas
moins à la maison de la petite Communauté
de la Croix. On y était prévenu de l'arrivée
très prochaine du secours d'En-Haut, si
ardemment désiré. Deux des bonnes sœurs
de la Croix, trouvant qu'il ne venait pas
assez vite, voulurent tromper leur légitime

impatience en allant au-devant de lui! Dès que les sœurs Victoire et Séraphine eurent aperçu les voitures, elles retournèrent sur leurs pas pour prévenir de la bonne nouvelle.

Trois heures de l'après-midi sonnaient lorsque les deux véhicules firent leur entrée dans la cour de la Croix, rue de la Prison. Pouvait-on mieux commencer qu'à cette heure solennelle l'Œuvre qu'on venait entreprendre? N'était-elle pas, dès lors, marquée d'un sceau de salut et d'espérance? Toutes le pensèrent et le comprirent. A peine descendues de voiture, les nouvelles arrivées embrassaient avec effusion les anciennes Sœurs. Celles-ci se répandaient en joie, en prévenances; c'était un spectacle des plus attendrissants; il semblait que toutes s'étaient déjà connues, appréciées, aimées. MM. de Bully et Lefin jouissaient de cette sympathie qui présageait d'heureuses suites. Le premier hommage fut pour le

Maître et Seigneur de la maison, les pieuses filles de la Croix ayant le bonheur de posséder chez elles la Sainte Réserve. Le reste du jour fut employé à visiter la maison, à s'entendre au sujet des changements à y opérer, des réparations à y faire; puis l'on se sépara. Les bonnes sœurs avaient abandonné leurs plus belles chambres, leurs meilleures literies à leurs nouvelles compagnes, qui furent profondément touchées en voyant le peu dont elles se contentaient pour elles-mêmes.

Le lendemain, M. de Bully, comprenant combien il en coûterait aux *Mères du Midi*, comme on les appelait dans Saint-Quentin, de parcourir à pied les rues de la ville, fit venir une voiture pour lui et une calèche dans laquelle monta la Révérende Mère avec Mère Angèle et Mère Aloysia; M. de Bully les présenta lui-même à M. Grandmoulin, archidiacre de la Collégiale, et aux principales autorités. Partout les nouvelles reli-

gieuses reçurent des témoignages non équi-
voques d'estime, de bienveillance, des
promesses rassurantes de haute protection.
L'affabilité de la Mère Henriette, la sagesse
et la discrétion de ses paroles, lui gagnèrent tout de suite les esprits et les cœurs.

M. Namuroy, maire de la ville, apporta
seul d'abord un peu d'opposition, craignant
que les pensionnats déjà établis ne souffris-
sent de la concurrence qu'on allait leur
créer.

« Monsieur le Maire, lui dit alors M. de
Bully avec cette dignité gracieuse qui sub-
jugue, et ce quelque chose de positif qui com-
mande en priant, laissez-moi faire, et vous
verrez bientôt que les excellents pensionnats
qui ont acquis à bon droit votre intérêt et
votre protection, ne perdront rien à l'érection
de l'établissement de ces Dames. La concurrence est bonne et avantageuse quand elle
se fait avec charité. Le jour viendra où vous
vous applaudirez d'avoir prêté votre appui

et votre concours à un pensionnat qui répondra, croyez-le, à tous les besoins du pays. Les pauvres gagneront à trouver, auprès des riches, bienveillance et secours. »

A ces sages paroles, M. le Maire trouva quelques mots gracieux à répondre et quelque espoir à donner.

Après avoir satisfait aux convenances et s'être assurée de la sympathie générale, la Révérende Mère voulut s'occuper de tout ce qui pouvait donner à la Communauté une forme plus régulière. Elle demanda aux anciennes sœurs de lui communiquer les Règles en usage parmi elles. Les sœurs répondirent bien humblement que leur petit nombre et leurs multiples occupations ne leur avaient pas permis jusque-là de reprendre les anciennes observances; mais qu'elles s'étaient toujours efforcées de tendre à la perfection de leur saint état. Rien dans cet aveu ne diminuait le mérite des sœurs de la Croix ni l'estime qu'elles avaient inspirée ; mais il y avait loin de là à l'idée que les Mères du Midi s'étaient formée de la Communauté à laquelle on les avait invitées à s'unir. Ce fut pour elles un véritable mécompte. M. de Bully, qui remplissait toutes les fonctions de Supérieur ecclésiastique, dit alors à la Révérende Mère :

« Madame, il vous reste à voir devant Dieu, avec vos sœurs, quelle règle il conviendra d'adopter pour votre congrégation. Je vous promets de m'en occuper et d'en conférer avec Monseigneur. Pour le moment, ne songez qu'à un ordre du jour. »

Ces sages avis furent reçus avec reconnaissance et ponctuellement exécutés.

M. le Vicaire général eut avec la Révérende Mère Henriette plusieurs entretiens particuliers dans lesquels il trouva plus d'une fois l'occasion d'admirer de nouveau sa rare prudence, son esprit vraiment religieux et son excellent cœur. Aussi écrivait-il à Mgr de Simony :

« Je crois Mme Henriette très capable de donner le mouvement et la vie à un établissement menacé de tomber en ruines. Personne n'est plus propre qu'elle à relever la maison de Saint-Quentin. »

Opposons à ces lignes celles qu'écrivait l'humble Mère à son évêque :

« Il n'est pas inutile de vous dire, Monseigneur, que vous aurez à décompter. Je suis un très petit sujet, capable de peu de chose. Je n'ai que ma bonne volonté à offrir. »

Le 10 juillet, M. le Supérieur réunit la Communauté, lui adressa quelques paroles sympathiques en rapport avec les circonstances et proclama, au nom de Mgr l'évêque de Soissons, la Mère Henriette Rimey supérieure de la Communauté. Bien que la charge d'économe dût être exercée par la Mère Pauline, un procédé d'une exquise délicatesse fit qu'en ce moment, M. de Bully nomma la Révérende Mère économe. Ainsi,

pensait-il, la respectable Mère Hunégonde,
Supérieure jusque-là, n'aurait à remettre
les clefs qu'à la Révérende Mère. Les autres
charges furent aussitôt données : Mère
Angèle devait être assistante; Mère Aloysia, maîtresse générale, et Mère Pauline,
secrétaire.

L'ordre du jour, rédigé avec le plus grand
soin, après mûres réflexions, fut lu à haute
voix, en présence de MM. de Bully et
Lefin, approuvé de toutes, consacré par la
signature du vénéré Supérieur et par l'ap-
position du sceau de l'Évêché. Le soir même,
il était en vigueur, au grand contentement
des âmes ferventes qui devaient l'observer
si fidèlement.

On vit tout à coup la respectable Mère
Hunégonde se lever, remettre son trousseau
de clefs à la Révérende Mère; puis, s'ap-
prochant de M. de Bully, les yeux humides
de pleurs : « Et moi, Monsieur, lui dit-elle,
je n'aurai donc plus rien à faire? —

Vous, ma vénérée Mère, vous ferez au contraire beaucoup par vos exemples et vos conseils; comme un autre Moïse, vous tiendrez vos mains élevées vers le Ciel pour en faire descendre mille bénédictions sur vos sœurs. Vous leur mériterez ainsi les puissants secours dont elles auront besoin. »

Aussitôt la digne Mère essuyant ses larmes : « Merci, Monsieur, » dit-elle. Il y avait tant de soumission, d'humilité dans ces simples mots, que tout le monde en fut aussi édifié qu'attendri.

La bonne Mère Victoire fut comblée de joie en s'entendant nommer sacristine. L'humble soumission de ces deux vénérables anciennes, dont l'une ne comptait pas moins de soixante-dix-sept ans et l'autre soixante-douze, remplissait chacune d'admiration. Aussi fut-il arrêté ce même jour que, par égard pour leurs vertus et leur âge, elles garderaient l'ancien costume et pourraient sortir comme par le passé, permission dont elles usèrent rarement. Elles ne tarissaient pas en éloges sur la Révérende Mère et ses collaboratrices.

M. de Bully, de son côté, faisait part à Mgr de Soissons de toute sa joie en constatant la Foi, la piété solide, le dévouement des nouvelles religieuses; d'autre part, les vertus très réelles des anciennes et la fusion merveilleuse qui s'était opérée entre elles toutes.

L'harmonie, la discipline étant réglées à l'intérieur, il fallut songer aux moyens de les conserver. Pour établir la clôture telle qu'on la désirait, on avait dû changer la disposition des entrées de la maison et de la chapelle. Un salon avait été transformé en parloir pour les personnes du dehors, qui ne pouvaient plus pénétrer à l'intérieur de la maison. Ce nouvel état de choses souleva quelques mécontentements dans la ville. C'était si nouveau pour ses habitants! L'habile Révérende Mère Henriette sut calmer les esprits en mettant pour première portière la douce Mère Angèle dont les manières si gracieuses, si affables, et surtout l'angélique modestie, plaisaient à tous.

Les réparations jugées nécessaires avançaient rapidement sous l'intelligente direction de l'architecte, M. Lemaire-Dufour. Tout allait donc au mieux; rien ne pouvait empêcher les préparatifs d'une fête qu'on voulait rendre aussi belle, aussi douce que possible. On était à la veille de la Saint-Henri. Quelle précieuse occasion de témoigner à la Révérende Mère le respect et l'amour qu'elle avait su inspirer déjà de toutes parts!

A quatre heures du soir, les Mères et les enfants étaient réunies dans la cour d'honneur. Deux fauteuils y avaient été préparés pour la Révérende Mère et pour la Mère Hunégonde; d'autres sièges attendaient les religieuses; une centaine d'élèves formait couronne autour des Mères. Bientôt une

jeune fille s'avança, fière d'avoir été choisie
pour adresser le premier compliment à la
Révérende Mère. On y faisait un éloge
délicat de la vénérée Mère Hunégonde que
chacune aimait à contempler à la droite de
la nouvelle Supérieure. Tous les cœurs
étaient joyeux; ils ne purent contenir leur
allégresse et leur amour : *Vive Mme Henriette!* s'écrièrent les enfants à plusieurs
reprises. La Révérende Mère était profondément émue. Cette jeunesse si fraîche, si
aimante, lui rappelait celle qu'elle avait
quittée et remuait toutes les fibres de son
cœur maternel. Elle maîtrisa son émotion
pour remercier la Communauté et les enfants
qui lui étaient déjà si chères.

Puis on se mit en mesure de répondre à
un désir qu'elle caressait depuis quelque
temps : remettre toute son autorité entre
les mains de Jésus, Marie, Joseph et leur
consacrer sa personne et sa maison. A cet
effet, elle avait fait dessiner sur un tableau

les images de la Sainte Famille, surmontées
de l'emblème du Saint-Esprit. A un signal
donné, tout le monde se dirigea vers la
chapelle où la Révérende Mère, agenouillée
devant le tableau, fit à haute voix la con-
sécration suivante :

« Moi, Marie-Henriette, intimement con-
vaincue que je ne puis rien, et par conséquent qu'il me serait impossible de bien
gouverner la petite société dont Dieu vient
de me confier le soin, je mets en ma place
et nomme l'Esprit-Saint grand directeur de
toutes les âmes dont je serai chargée; N.-S.,
premier supérieur; Notre-Dame, Marie Immaculée, supérieure générale, et son saint
Époux Joseph, économe et protecteur de
tout notre temporel; promettant à ces au-
gustes personnes, soumission, respect et
dévouement parfait.

« Je m'engage de plus à propager leur
culte autant qu'il sera en mon pouvoir, pour

la plus grande gloire du Père éternel, de qui découle tout don parfait.

« Ainsi soit-il. »

Quelques couplets appropriés à la circonstance et chantés avec élan, furent l'écho de l'Amen qui venait d'être prononcé.

Après cet acte solennel, la Révérende Mère, rassurée sur les effets de son incapacité prétendue, ne pensa qu'à se prêter, de la meilleure grâce du monde, à ce qu'attendaient d'elle ses filles et ses enfants de la Croix.

Le lendemain fut un jour de grande récréation pour toutes; une franche et cordiale gaieté animait la conversation, les plus doux liens unissaient les cœurs. L'excellent M. de Bully ne se lassait pas de répéter à M. Lefin : « Voyez comme elles s'aiment déjà! » Cette première fête de famille laissa un parfum délicieux, à l'intérieur comme au dehors de la Maison.

Les religieuses du Dauphiné commençaient

à être connues. Au nombre des privilèges qui leur avaient été concédés, se trouvait celui d'un salut solennel chaque premier vendredi du mois, en l'honneur du Sacré-Cœur de Jésus.

Beaucoup de personnes qui avaient assisté à celui du 7 juillet, vantèrent l'harmonie des chants et le bon goût de l'ornementation de la chapelle; dès ce jour, elles vinrent à tous les offices annoncés, ce qui contribua de plus en plus à faire connaître la nouvelle Communauté de la Croix.

L'excellent M. de Bully ne se contentait pas d'activer les travaux par son regard vigilant. Il s'ingéniait à causer parfois d'agréables surprises à ses chères filles. La Mère Pauline s'étant un jour écriée à la récréation : « Oh! qu'il est triste de ne voir jamais que quatre grands murs! Pas un arbre pour se mettre un peu à l'abri du soleil! » le cœur du vénéré Père comprit ce regret, au souvenir des frais ombrages de Roussillon. Dès le lendemain, il fit appeler un jardinier, lui ordonna de transformer en un carré long tout orné de fleurs, le milieu de la cour; des arbres déjà grands furent plantés aux coins du rectangle. Dire la joie de la Communauté à la vue de ce joli parterre, serait peut-être plus facile que d'exprimer la gratitude qu'elle aurait voulu en témoigner à son digne Supérieur. Bien longtemps après, lorsque de vastes jardins remplacèrent ce charmant bosquet, on se souvenait encore des délicieuses récréations passées à son ombrage; on parlait surtout de la bonté qui l'avait procuré si délicatement, et l'on priait pour le repos d'une âme toujours chère.

Soudain de vives alarmes se répandirent au sein de toute la ville, mais surtout de la Maison de la Croix. M. de Bully, alors à Saint-Quentin, venait d'être pris d'une de ces crises terribles que lui occasionnait parfois sa maladie de cœur; les médecins appelés manifestaient de l'inquiétude. Qu'on juge de la consternation de la Communauté, de la Révérende Mère surtout, si bien habituée à n'agir que d'après les avis, les lumières du sage Supérieur. Les journées des 20 et 21 juillet se passèrent dans de mortelles angoisses, dans la prière et le sacrifice. Le Dieu de la Croix se laissa toucher. Dans l'après-midi du 23, le vénérable malade se trouva assez bien pour se faire transporter en voiture, de l'Hôtel-Dieu où il avait ses appartements, chez ses chères filles qu'il lui tardait de rassurer. Il voulut alors sanctionner tout ce qu'il avait établi dans la Maison : annoncer à la Communauté que M. l'abbé Guyart, l'un des vicaires de la Collégiale, était nommé, par Mgr de Soissons, aumônier de la Croix, et par conséquent chargé de veiller à ce que tous les privilèges accordés fussent soigneusement maintenus. Admirons ici encore les voies de la divine Providence !

Elles préparaient le digne ecclésiastique,

dont M. de Bully fit un si grand éloge
à ses religieuses, à devenir un jour, alors
qu'il porterait le titre de Grand-Vicaire, le
Supérieur dévoué, prudent, éclairé, qui fut
toujours entouré du respect le plus filial et
le plus reconnaissant.

M. de Bully devait incessamment retourner auprès de son évêque. Satisfait de l'élan
que prenait sa chère Communauté dans la
voie du bien et du progrès, il lui donna encore quelques avis, lui promettant de nouveau sa plus paternelle sollicitude. La Révérende Mère se mit à genoux, l'assura de
la reconnaissance de ses filles, de leurs
efforts pour mettre parfaitement en pratique
ses sages conseils. M. de Bully, posant alors
ses mains vénérables sur Mme Henriette,
dit ces solennelles paroles : « Que Dieu, ma
Révérende Mère, vous donne la même bénédiction qu'Il accorda aux saints Patriar-
ches ! Puissiez-vous voir votre postérité spirituelle égaler les étoiles du firmament et

les grains de sable de la mer! Puissiez-vous surtout, plus heureuse qu'Abraham, Isaac et Jacob, voir toujours régner parmi vous la paix et la concorde, fruits précieux de la fidélité aux saintes lois du Seigneur! Dieu, j'en ai la ferme confiance, vous sera en tout temps favorable. »

De retour à Soissons, M. le Grand-Vicaire se fit un bonheur de rendre compte à M⁽ᵍʳ⁾ de Simony, en présence de M. de Garsignies, du succès de sa mission auprès des religieuses de la Croix. Il lui dit encore une fois tout le bien qu'il les croyait appelées à faire; la parfaite harmonie qui régnait entre elles; le bon esprit qui les animait toutes, et lui parla surtout des éminentes qualités de la Révérende Mère Supérieure. Ce fidèle compte rendu valut à la Mère Henriette une lettre de félicitations du saint évêque. Elle ne sut y répondre que par ces admirables lignes :

« Si nous ne comptions que sur nos forces,

nous serions bientôt découragées, moi surtout qui suis si petite et si faible en vertu.
Je comprends que j'aurais besoin d'être une
grande sainte pour faire le bien; aussi je
ne compte que sur le secours de Dieu et
la protection de Marie, ma bonne Mère. Je
réclame aussi la vôtre, Monseigneur; veuillez
m'honorer de vos sages conseils. Je désire
bien n'être ici que l'écho des volontés de
Dieu et des vôtres. Daignez me regarder
comme une faible enfant qui a besoin d'être
guidée. »

Ce passage d'une lettre adressée à son
Évêque par l'humble Mère, dans l'intimité
et la sincérité de son âme, nous montre quels
sentiments la dominaient toujours dans la
poursuite de l'œuvre dont Dieu l'avait chargée. Aussi quel fut son bonheur lorsque, dans
le cours de ses missions, le R. P. Dutems
trouva le moyen de s'arrêter à la Croix. Ancien condisciple de M. de Bully, il avait
su apprécier tout ce qu'il pouvait attendre

de ce digne Supérieur pour le bien de l'œuvre entreprise. Il avait appris à l'Évêché
les heureux effets de la fusion si religieu-
sement opérée ; il arrivait, le cœur dilaté,
apportant félicitations et encouragements
nouveaux... De plus, il avait à exposer un
désir formellement exprimé par Mgr de Soissons et par M. de Bully : l'acquisition ou
du moins la location d'un jardin, pouvant servir de but de promenade à la Communauté comme aux enfants. La Révérende
Mère écouta en silence cette communication ;
c'était faire une brèche à la clôture qui lui
était si chère, ainsi qu'à ses filles. Mais
lorsque le Père Dutems lui eut dit qu'il n'avait
pas caché à Monseigneur que des supérieurs
de Communautés enseignantes avaient dû
imposer ce sacrifice aux religieuses, pour
le bien général de leur Institut et de leurs
Pensionnats, la Révérende Mère s'inclina, et
l'on se mit à la recherche.

Dès que les amis de la Maison, déjà

nombreux, connurent ce désir, ils vinrent d'eux-mêmes offrir leur propre jardin. Mais il importait à la Révérende Mère, comme à sa Communauté, d'échapper aux regards, aux visites du monde. Elle se montra on ne peut plus reconnaissante, fit comprendre qu'elle préférait un lieu solitaire, en pleine campagne, où maîtresses et élèves seraient absolument libres. Une dame de la ville que ses infirmités empêchaient de sortir, possédait, aux environs, un fort joli jardin; elle en fit remettre la clef à Madame la Supérieure de la Croix, avec prière d'user de cette propriété comme si elle lui appartenait. La reconnaissance pour cette offre bienveillante dure encore parmi les jeunes générations, mises au courant par les anciennes Mères, du service dû à l'obligeance de la famille Robichon.

Pendant son séjour, le R. Père s'occupa non seulement de la santé corporelle, mais aussi de celle des âmes. Chaque jour, il consacrait une demi-heure à donner des avis spirituels à la Communauté. Il pensa qu'il était temps de la soumettre à une règle analogue à celles qui régissaient les autres ordres existants. Il en proposa plusieurs. Justement il avait entre les mains les constitutions d'une société qui les avait puisées toutes dans la Règle de saint Ignace. Quand la Révérende Mère et son Conseil en eurent pris connaissance, toutes s'écrièrent : « Voilà bien les règles qu'il nous faut ; qu'avons-nous besoin d'en chercher d'autres ? » Cet accord unanime ravit le R. Père, qui savait d'autre part la pensée de M. le Supérieur ; il se chargea d'en faire agréer l'acceptation à Mgr de Simony. Elle ne se fit pas attendre. Le digne Prélat en recommanda l'observance exacte, au moins comme essai, jusqu'à nouvel ordre. Dès lors, un pieux élan anima davantage encore chacune des ferventes religieuses ; elles se sentaient si heureuses de vivre sous une règle bien ordonnée !

Aussi, le 31 juillet, la fête de saint Ignace fut célébrée avec la pompe que permettaient les faibles ressources dont on pouvait disposer. Le R. Père présida tous les offices et, le soir au salut, fit le panégyrique du saint Fondateur.

A tant de consolations, il fallut voir succéder bien des alarmes et de vives angoisses. Une fois encore, la santé du vénérable M. de Bully donnait de sérieuses inquiétudes. Le repos le plus complet fut ordonné par les médecins. Au bout de quelques jours, le vénéré malade voulut tranquilliser lui-même ses chères filles de la Croix. Il leur écrivit qu'à sa prière, Mgr de Soissons venait de nommer M. de Garsignies leur Supérieur. Pour atténuer la peine que devait leur occasionner ce changement, il ajoutait :

« Consolez-vous, mes bonnes Filles, je reste quand même votre ami le plus dévoué. M. de Garsignies va devenir votre Supérieur, la vigueur de son âge et ses ressources en tout genre pourront vous être d'un grand secours. Il sera pour vous un bon Père; moi, je reste votre grand-père, vous serez toujours chères à mon cœur de prêtre. »

Assurément rien ne pouvait plus adoucir le coup porté par cette nouvelle inattendue, que la nomination, comme Supérieur, du pieux et digne Grand-Vicaire qui avait si bien consolé les religieuses dauphinoises dans leurs premières épreuves, lors du passage à Liesse. Aussi un hymne de reconnaissance monta vers le Ciel, de tous les cœurs cependant oppressés par l'attente d'un grand sacrifice. Pouvait-on se faire illusion en présence des crises renouvelées que subissait l'auguste malade!...

Une nouvelle lettre de Mgr de Grenoble vint aussi mettre un peu de baume sur une plaie saignante. Le digne Prélat disait avec quelle consolation il apprenait les progrès, les succès de la Société naissante, prodiguait

les témoignages de son plus vif intérêt à tout ce qui la concernait, l'assurant toujours de sa paternelle protection.

CHAPITRE VI

Le moment était venu de préparer plus immédiatement l'ouverture du Pensionnat. Bien des amis de la Maison pressaient la Révérende Mère de publier les changements opérés dans la Communauté de la Croix et la création d'un établissement où, sous le rapport de l'éducation comme sous celui de l'instruction, on s'efforcerait de satisfaire à tous les désirs raisonnables. La Révérende Mère n'osait suivre les conseils qu'on lui donnait à ce sujet ; elle craignait d'attirer par là des ennuis, des contradicteurs à sa Congrégation. Cependant, comme toujours, elle se rendit aux avis qui lui étaient donnés par le R. Père Dutems, par M. l'abbé Guyart et par M. l'abbé Duclerc, second vicaire de la Collégiale.

Le prospectus fut rédigé et publié dans tout le diocèse. Aussitôt arriva ce que la perspicacité de la Révérende Mère lui avait fait pressentir : un violent orage se souleva contre l'établissement des *Dames religieuses de la Croix* et contre les ecclésiastiques qui le protégeaient. Ce qui fut le plus sensible à la Révérende Mère Henriette, fut de trouver, au nombre de ses adversaires les plus déclarés, M. l'archidiacre de Saint-Quentin. Le R. Père Dutems se rendit chez lui. A peine était-il entré que M. Grandmoulin lui manifesta tout son mécontentement de ce que, sans sa participation, on transformait en paroisse la chapelle de la Croix ; de

ce qu'on avait la prétention de faire un couvent cloîtré de la maison des anciennes
sœurs, de ce qu'enfin on songeât à créer un
pensionnat de premier ordre dans une ville
où il y en avait d'autres qu'il ne cessait de
protéger. Le R. Père avait écouté avec
calme ; il opposa aux véhémentes objec-
tions de M. Grandmoulin les motifs qui
avaient amené Mgr de Simony à autoriser le
nouvel ordre de choses, après avoir demandé
à Mgr de Grenoble des religieuses pour raviver une Congrégation près de s'éteindre.
Ni l'exposition de ces sages motifs, ni
ce que dirent Messieurs les Vicaires, ne
put faire changer la disposition d'esprit de
M. l'Archidiacre, prévenu d'autre part. Le
dimanche suivant, il annonça, comme de
coutume, pour le jour qu'il lui plut de dési-
gner, l'ouverture des classes des sœurs de la
Croix, sans faire mention aucune du Pensionnat.

Les amis de la Croix n'en continuèrent pas

6.

moins de répandre le prospectus; bon nombre de familles, enchantées de n'avoir plus à envoyer leurs filles à Paris pour y trouver une éducation et une instruction en rapport avec leur position sociale, les amenèrent aux Dames de la Croix. Le pensionnat devait s'ouvrir le 10 octobre.

Ce ne fut pas sans déplaisir qu'on apprit à l'Évêché de Soissons l'opposition apportée par M. Grandmoulin; Mgr de Simony délégua aussitôt M. de Garsignies pour concilier toutes choses. Le vénérable Archidiacre, trompé un moment par des esprits prévenus, était trop bon prêtre pour ne pas entrer dans les vues de son évêque, dès qu'elles lui furent bien connues. Non seulement il cessa d'inquiéter le nouvel établissement, mais il en devint l'ami et le protecteur.

La respectueuse déférence de la Révérende Mère Henriette pour tout ce qui touchait aux droits du pasteur de la paroisse, sut conserver toujours ces bons rapports.

Le succès de la médiation de M. de Garsignies en cette circonstance, resserra les
liens qui l'attachaient déjà si fortement à ses
nouvelles filles. Il voulut se montrer père
dans toute l'acception du mot, se fit rendre
compte, par l'économe, de l'état de sa petite
caisse, y versa un don généreux et laissa délicatement à la sacristie du linge d'autel et
des ornements, qu'on y conserve encore
comme de précieux souvenirs d'un insigne
bienfaiteur.

Les travaux de l'intérieur de la maison
avaient été poursuivis avec diligence, mais
n'avaient cependant pu être terminés pour
le jour de l'Exaltation de la Croix, première
fête patronale de la société. On les activa
davantage encore, et le 22 septembre par
translation, ce fut grande solennité à la
Croix. Bon nombre d'invitations avaient été
faites, non seulement à Messieurs les ecclésiastiques, mais encore à beaucoup de personnes de la ville. Tous les offices furent

présidés par M. de Garsignies, avec la dignité si particulière qu'il savait toujours apporter dans les cérémonies du culte. Au salut, il divisa son discours en trois points remarquables : 1° La Croix force l'âme à se détacher des choses créées et à se donner parfaitement à Dieu ; 2° elle la purifie de ses péchés ; 3° elle fait sa joie et sa couronne immortelle. Ce sermon prononcé avec l'éloquence persuasive qui distingua toujours l'éminent prédicateur, fit la plus profonde impression sur l'auditoire d'élite qui l'entendit.

Quelques jours après, le 27 septembre, la Révérende Mère eut la consolation de recevoir une première Postulante : c'était Mlle Delphine Pinon. Si l'on avait pu, ce jour-là, tirer l'horoscope de la jeune fille de seize ans qui se présentait au Noviciat, on se serait plus réjoui encore ! L'avenir devait en faire l'une des meilleures religieuses, l'une des solides colonnes de l'édifice qu'on relevait.

Aussi M. l'abbé Guyart, qui avait reçu ses vœux, disait-il quarante ans plus tard, avec une certaine complaisance, faisant allusion à cette première Profession présidée par lui : « Il faut avouer que, pour mon coup d'essai, j'ai eu la main heureuse. »

Après avoir passé par tous les emplois de maîtresse de classe, de surveillante, de lingère, et s'y être fait toujours remarquer par le dévouement le plus parfait, la Mère Pinon avait été appelée à remplir la charge de Maîtresse générale. Pendant les douze années qu'elle l'exerça avec un zèle incomparable, elle laissa dans l'esprit et dans le cœur des enfants de tels souvenirs que, vingt-cinq ans après, ces jeunes filles, devenues épouses et mères, parlaient encore du vide qu'elles éprouvaient en ne la retrouvant pas à la Croix. Les quinze dernières années de sa vie, elle fut chargée du Noviciat. Il serait trop long de dire ici ce qu'elle s'y montra. Préparer à N.-S. des épouses tendant toujours à la perfection, former de vraies religieuses de la Croix, tel fut le but qu'elle se proposa, qu'elle poursuivit constamment, qu'elle atteignit avec un rare bonheur. « Si l'on pouvait dire de nous, répétait-elle souvent, ce qu'on disait de N.-S. : *Elle était soumise en tout, partout, toujours !...* La plus grande consolation que nous puissions désirer pour l'heure de la mort, c'est de pouvoir nous dire à ce moment suprême : *J'ai toujours obéi !* »

L'esprit de foi, l'énergie peu commune de la Mère Pinon se révélèrent pendant toute sa vie et parurent avec plus d'éclat encore les derniers mois qu'elle eut à passer sur cette terre. Au commencement de l'année 1882, sa santé, bonne jusque-là, s'altéra visiblement. Les Supérieures firent tout pour la rétablir. Un changement d'air fut conseillé. Quoiqu'il lui en coûtât, à elle qui n'avait jamais quitté la Maison Mère, elle dut s'en éloigner pour quelques semaines.

De Bar-le-Duc, elle écrivait à ses Novices :

« C'est long, bien long, n'est-ce pas, mes chères enfants?... Dites votre Fiat de tout votre cœur, comme j'ai tâché de dire le mien; et puis restons abandonnées à la volonté divine. Dieu tirera sa gloire de tout. Je vais prier et souffrir pour vous toutes. De votre côté, tendez de toutes les forces de votre âme à devenir de vraies religieuses, des religieuses de sacrifices. »

Revenue à Saint-Quentin, elle s'unit de grand cœur aux prières que l'on faisait de toutes parts pour sa guérison. Mais la Très Sainte Vierge semblait sourde à toutes les supplications. La pieuse malade se résigna. Souvent on l'entendait soupirer : « *Oui, mon Dieu, oui; tant que vous voudrez!* » La première fois qu'elle dut communier dans son lit, sa foi et son humilité se trahirent encore : « *Que Dieu est bon,* s'écria-t-elle, *que Dieu est bon! Venir par tous ces esca-*

liers et ces corridors, pour moi, pauvre petit rien du tout! »

Sa paix, sa joie même semblait croître comme le mal qui la consumait. Elle aimait qu'on lui suggérât des invocations, alors qu'elle ne pouvait presque plus parler : « *Faites-moi surtout faire des actes d'amour*, disait-elle, *car on aura pendant toute l'éternité le degré d'amour qu'on aura eu à la mort.* » Qu'on nous permette de citer encore les derniers enseignements recueillis sur ses lèvres mourantes, enseignements qui nous semblent un suprême écho de son cœur éminemment religieux. « Montrez-vous dévouées, généreuses, toujours, toujours, disait-elle à ses Novices et aux jeunes Professes ; grand esprit de sacrifice et surtout grand oubli du *moi.* Entendez-vous bien : grand oubli du moi. On ne peut être religieuse sans cela... Efforcez-vous de passer inaperçues... comme une ombre... La religieuse fidèle n'a qu'un regard, et ce

regard est constamment fixé sur N.-S. »
On voit quelle âme trempée fut celle de la
vénérée Mère dont une femme du monde
disait encore dernièrement : « Quand je suis
tentée de faire quelque chose qui n'est pas
bien, il me semble que son regard scrutateur m'observe, et alors, je m'arrête... »

Telle fut la première disciple de la sainte
Mère Angèle, de si douce et si pieuse mémoire.

Au moment de l'entrée de Mlle Pinon,
venait de s'ouvrir à la Communauté, la première retraite annuelle que M. de Garsignies, sur la demande de la Révérende
Mère, voulut bien donner lui-même. Dès le
début, le zélé Supérieur fit appel à la générosité de chacune. « Courage, mes très chères Filles, Dieu vous demandera beaucoup
pendant ces saints jours; disposez-vous à ne
lui rien refuser : il faut vaincre ou mourir !
Plus grands seront les sacrifices à faire, plus
glorieuse sera la victoire. »

La veille de la clôture, M. de Garsignies,
muni des pouvoirs que lui avait conférés
Mgr de Soissons, bénit le nouveau costume
que devaient revêtir le jour suivant les sœurs
de la Croix, afin d'établir l'uniformité entre
elles et les Mères du Midi. Seules, Mère
Hunégonde et Mère Victoire, en raison de
leur grand âge, gardèrent le costume pri-
mitif. Le lendemain, avant de distribuer la
manne céleste aux ferventes religieuses,
M. le Supérieur leur adressa l'allocution
suivante :

« Le parfum de l'âme, c'est le souvenir ;
gardez toujours, mes chères Filles, celui des
grâces reçues pendant votre retraite. Le
divin Maître vient Lui-même y mettre le
sceau en se donnant à vous ; réjouissez-vous
donc ; rendez à Dieu amour pour amour, et
dans l'élan de la reconnaissance, donnez-
vous sans réserve au céleste Époux de vos
âmes. Vous savez, par une heureuse expérience, combien Il est prodigue de ses dons.

Que ne vous accordera-t-il pas à vous, mes très chères Filles, qui, deux fois, avez tout quitté pour son amour! Lorsque les ouvriers manquaient, vous êtes venues de bien loin pour travailler à la moisson. Ah! fasse le Ciel que la récolte soit abondante! C'est de toute l'effusion de mon âme que j'appelle sur vous, sur cette Maison, sur toutes celles qui viendront s'abriter à l'ombre de la Croix bénie, les surabondantes bénédictions du Ciel! »

Il est facile de deviner ce que de semblables paroles répandaient de joie, de consolation dans l'âme de chacune. La Révérende Mère n'avait pas à stimuler ses filles, mais plutôt à modérer leur ardeur. Son sourire, ses encouragements maternels étaient la plus douce des récompenses, la seule ambitionnée. De nouvelles félicitations de Mgr de Grenoble et de ses Grands-Vicaires ajoutaient aux consolations que l'on goûtait dans l'union la plus parfaite.

Au mois de décembre, M. le Supérieur
était de retour à sa *chère Croix,* comme il
se plaisait à l'appeler. Il avait désiré que les
religieuses portassent toutes, sur la poitrine,
une croix en argent avec cet exergue : *O
Crux ave, spes unica!* Le 8, jour de la fête
de l'Immaculée Conception de la Très Sainte
Vierge, il les leur distribua. Ce fut pour
toutes un bonheur de centupler leur courage
en pouvant jeter souvent un regard sur Jésus
crucifié.

On voulut profiter de la présence de M. le
Supérieur pour le prier de présider la petite distribution des Prix. Il devait s'en faire
une à chaque trimestre en attendant la grande
de fin d'année. M. de Garsignies accepta
d'autant plus volontiers que c'était pour lui
une occasion de féliciter maîtresses et élèves
des succès déjà obtenus en tous genres. Depuis le 10 octobre que s'était ouvert le Pensionnat, il comptait une vingtaine d'élèves
internes, studieuses, dociles, aimantes, pieu-

ses à ravir. L'externat et la classe gratuite s'étaient tellement accrus qu'il avait fallu nommer une Maîtresse générale de ces classes. La Mère Paùline avait été désignée à cette charge qu'elle remplit avec dévouement, bonté, satisfaction pour tous. Les enfants placées sous sa direction, étaient complètement séparées de celles du Pensionnat. Tout offrait donc un aspect nouveau visiblement béni de Dieu.

Une douloureuse épreuve devait se mêler à ces consolations. Le R. P. Dutems, dont la santé réclamait des précautions, des soins assidus, venait d'être appelé à la maison de Saint-Acheul par le R. P. Solente, alors son Provincial. Avant de s'y rendre, il passa par Saint-Quentin, afin de donner à ses chères filles de la Croix de nouveaux et précieux enseignements. Peut-être avait-il le pressentiment qu'il voyait pour la dernière fois la Révérende Mère Henriette; il lui prodigua ses conseils et les assurances de sa continuelle protection. Comme pour calmer les justes appréhensions de la Communauté et cacher son émotion personnelle : « Courage, dit-il en partant, courage, chère Mère!... Pas de nouvelles, bonnes nouvelles! » En effet, on ne reçut pas de lettre et, se rappelant les derniers mots du Père, on cherchait à se rassurer, lorsque, le 29 mars, on apprit qu'il devait être inhumé ce jour-là même. Qu'on juge de la douleur de la Révérende Mère. Elle perdait un appui, la lumière dans ses doutes, la solution de bien des difficultés, et ce qui lui était plus sensible encore, un bon et puissant protecteur pour sa chère Communauté. Elle alla puiser au pied du T. S.-Sacrement force et courage, puis reparut calme et résignée devant ses filles : « Dieu, leur dit-elle, vient d'appeler à Lui le bon Père Dutems! Prions beaucoup, mes sœurs, la reconnaissance nous en fait un devoir. Offrons, pour le repos de son âme, notre peine, notre résignation et nos sacrifices. Demandons à N.-S. de nous accorder, par l'intercession de ce saint religieux, la régularité, la fidélité à tous nos devoirs, l'esprit de la Croix. »

Toute la Communauté, en partageant la douleur de sa vénérée Mère, chercha les plus sûrs moyens de l'adoucir par plus de fidélité encore.

A dater de ce moment, plus que jamais, M. de Garsignies se montra le digne héritier du zèle, du dévouement du R. Père qu'il avait placé si haut dans son estime et sa vénération. M. l'abbé Guyart mit aussi tout de nouveau, au service de la Révérende Mère et de sa Congrégation, les vertus et la rare prudence qui le distinguaient déjà parmi les jeunes Vicaires de la Collégiale.

CHAPITRE VII

Quelques Postulantes s'étaient présentées
pour entrer au Noviciat. La Révérende Mère
en fut la première Directrice. Chaque jour,
la Communauté offrait de ferventes prières
dans le but d'obtenir de Jésus crucifié des
sujets qui devinssent un jour ses dignes
Épouses. La suite prouva qu'Il daigna vraiment les choisir entre mille. Les premières
Novices de la Croix devaient être plus tard
les colonnes inébranlables de l'édifice élevé

sur les bases solides des épreuves et des sacrifices de tous genres.

La Révérende Mère Henriette ne négligea rien pour former à une mâle vertu les jeunes âmes, espoir de sa famille religieuse. Elles se sont souvent rappelé les précieux enseignements tombés de ses lèvres maternelles : « Pour avancer dans les voies de Dieu, il faut attaquer de front tout ce qui, en nous, met obstacle à l'humilité, à la simplicité, à l'obéissance. N'oubliez jamais, mes chères Filles, que le démon est le père de l'orgueil ; il est habile à se déguiser, à s'insinuer dans les replis les plus cachés du cœur ; ne le laissez jamais pénétrer dans les vôtres.

« Le grand secret pour vous dérober à ses poursuites, c'est de n'avoir rien de caché pour ceux qui vous dirigent. Soyez simples comme des colombes ; agissez toujours avec esprit de foi ; marchez sous le regard de Jésus et de Marie, et la paix du Ciel sera le prix de vos généreux efforts. »

Une jeune Novice lui parut avoir un goût immodéré pour l'étude. « Mon enfant, lui dit-elle, ne visez pas à devenir une savante, mais une grande sainte; vous ne perdrez pas au change. La science vient de Dieu, comme la Foi, j'en conviens; mais avant tout, si vous voulez attirer sur vous les regards du Seigneur, soyez humble. »

La pieuse Maîtresse cherchait aussi à inspirer à ses Novices un grand amour pour l'oraison; elle-même en faisait ses délices. « La prière, disait-elle, ce n'est pas seulement la nourriture de l'âme, c'est sa vie. » Rencontrait-elle quelqu'une de ces jeunes privilégiées du Seigneur, elle avait toujours de douces et bonnes paroles à lui adresser. Tantôt elle disait à une qui lui paraissait vive, joyeuse : « Le silence a-t-il été bien observé aujourd'hui? Soyez-y très fidèle, mon enfant, le silence est le gardien de la paix et de la charité ». A une autre, elle faisait un signe de croix sur le front, ajoutant : « Le cœur est-il bien en repos?... ne donnez pas trop de licence à l'imagination... Vous savez que sainte Thérèse l'appelait la *folle du logis*. Courage et bonne volonté, tout ira bien! » On s'en allait alors le cœur dilaté, l'âme généreuse, et c'est ainsi que grandissaient les vertus dans les Postulantes, aussi bien que dans les Fiancées du Christ. Nous avons vu ce qu'était devenue Mlle Pinon à cette école; nous en verrons d'autres encore. Le 1er mai 1838, arrivait une nouvelle Postulante; de celle-là, nous ne pouvons rien dire, pas même le nom; sa modestie ne nous le pardonnerait pas. Aux âges futurs, de nous apprendre ce qu'elle fut toujours!...

Le 31 mai, Mgr de Simony écrivait à la Révérende Mère Henriette :

« Ma digne Mère,

« Je dois me rendre à Saint-Quentin dans le cours du mois de juin. Je compte bien visiter ma chère Communauté de la Croix.

Je serai heureux de vous voir, ma très chère
Fille, et de vous consacrer un jour entier. »

Cette consolante annonce combla de joie
la Révérende Mère et sa chère Communauté.
Le vénérable Prélat vint en effet présider à
la vêture religieuse d'une Postulante. L'après-
midi de ce jour, Sa Grandeur se plut à visiter la maison dans les plus minutieux détails. Elle voulut s'arrêter au Noviciat où elle
trouva, pour tout mobilier, un fauteuil, deux
chaises, et quelques bancs de bois. Monseigneur refusa le fauteuil, s'assit sur un banc,
autant par respect, dit-il, *pour les saintes
Novices que par amour pour la Pauvreté*. La
simplicité qui régnait là, plus qu'ailleurs,
comme cela devait être, charma grandement
le pieux évêque qui recommanda de la bien
conserver.

Le 5 juillet, Mgr de Soissons revenait à la
Croix pour y présider la cérémonie de la
première Communion, et quelques jours plus

tard, celle de la Confirmation. C'était la première fois que ces deux solennités avaient lieu dans la chapelle du petit couvent. Elles y attirèrent une foule nombreuse, sympathique et recueillie. Monseigneur témoigna sa vive satisfaction de la bonne tenue des enfants, de tout l'ensemble qui avait concouru à honorer sa présence.

Au nombre des premières Communiantes de cette année 1838, se trouvait une charmante enfant, nièce de la digne Mère Saint-Augustin, Supérieure de l'Hôtel-Dieu de la ville. Est-ce en ce jour fortuné qu'elle entendit la douce voix du céleste Époux la convier à des Noces spirituelles? Nous l'ignorons; mais cinq ans plus tard, Sophie Richepin demandait l'entrée du Noviciat de la Croix. Nous verrons que la Congrégation la compte au nombre de ses plus ferventes religieuses.

Avant de quitter la Maison, Monseigneur, en présence de la Communauté et des enfants, dit, avec cette distinction qui lui était si naturelle : « Puisse cet intéressant petit troupeau se multiplier et croître chaque jour en vertus ! Je vous bénis de grand cœur, mes chères Filles. » La Révérende Mère remercia le Prélat vénéré en lui disant : « La bénédiction d'un Pontife et d'un Père est toujours ratifiée du Ciel. La vôtre, Monseigneur, laisse en nos cœurs gratitude et douce espérance. »

On touchait à la fin de la première année scolaire du Pensionnat ; les Maîtresses avaient prodigué leur affectueux dévouement ; le plan d'études, suivi avec assiduité, avait satisfait parents et élèves. La charité la plus parfaite régnait entre toutes. Les Mères Pauline, Victoire et Séraphine s'étaient dépensées avec bonheur pour les chères enfants des classes externes et surtout pour celles des pauvres, les favorites de la Révérende Mère Henriette ; tout respirait le bonheur, la paix, lorsque l'ennemi de tout bien, jaloux des heureux fruits produits en si peu de temps, suscita une tempête qui faillit compromettre l'œuvre et en troubler l'harmonie. Mais Dieu l'aimait et veillait sur elle !

Déjà, depuis plusieurs mois, avaient paru dans un journal de la ville certaines lettres en patois picard, aussi piquantes que spirituelles, qui désignaient à l'attention publique ces Religieuses *venues on ne sait d'où, installées on ne savait comment,* avec la prétention d'ouvrir un Pensionnat dans une maison qui ne leur appartenait pas, et à la jouissance de laquelle elles n'avaient aucun titre. Pour toutes représailles, la Révérende Mère Henriette avait conseillé le silence à ses filles. Mais les succès du nouvel établissement excitaient certaines jalousies. Messieurs les Administrateurs des Hospices, cédant à une influence dont il était facile de deviner les instigateurs, voulurent faire acte de propriété en venant déclarer à la Révérende Mère Henriette qu'ils avaient l'intention de faire déposer, dans les greniers de la maison de la Croix, les blés que devaient fournir les fermiers des Hospices. La Révérende Mère s'y opposa, disant qu'il lui était impossible d'admettre une semblable mesure, sans l'autorisation de son premier Supérieur, M{^gr} de Soissons, à qui elle allait en référer. La réponse du Prélat ne se fit pas attendre. Monseigneur refusait formellement l'adhésion à l'acte proposé, ajoutant qu'il était tout à fait contraire aux principes religieux de permettre cet emmagasinement dans une maison occupée par des religieuses et par un Pensionnat de jeunes filles.

D'autre part Sa Grandeur écrivait à M. le Préfet de l'Aisne, qui suspendit les dispositions que voulaient prendre Messieurs les Administrateurs.

Malgré le dévouement et le rapport remarquable d'un ami de la Maison, M. Gronier, membre de la Commission des Hospices;

contre le désir de M. le Préfet, en dépit de ce que purent faire dire maintes personnes, le Conseil municipal déclara la maison occupée par les religieuses de la Croix, propriété des Hospices, et conclut qu'il fallait faire sortir ces religieuses, non seulement de la maison, mais même de la ville.

Mgr de Simony, informé de ce qui se passait, se hâta de déléguer ses deux Grands-Vicaires, MM. de Bully et de Garsignies. Ces messieurs ne purent que constater qu'à défaut d'une formalité négligée par les anciennes sœurs pour faire légaliser l'acte du Conseil municipal en 1822, les Religieuses de la Croix n'avaient aucun droit à la propriété ni même à la jouissance de la maison occupée par elles. Toutes les craintes qu'avait eues la Révérende Mère, lors de son arrivée, se réalisaient donc! Il fallait abandonner cette maison où elle avait fait faire des réparations si coûteuses, compromettre l'avenir de sa chère Communauté!

Un moment ses regards se tournèrent vers les pieux asiles qu'elle avait quittés; ses filles lui rappelèrent les paroles de Mgr de Grenoble. Il y eut un instant d'hésitation, de défaillance même, il fut court!... « Allons, mes Filles, allons devant le Tabernacle, dit la Révérende Mère, prions avec foi; le triomphe de nos ennemis paraît assuré; mais à qui Dieu reste, personne ne peut nuire entièrement. Prions aussi notre Mère du Ciel; n'est-elle pas en tout temps la consolatrice des affligés, le secours de ceux qui l'invoquent avec confiance? »

Toute la Communauté se dirigea vers la chapelle; elle y pria avec une ferveur extraordinaire et en sortit pleine d'espoir. La digne Supérieure seule y resta plus longtemps; que n'avait-elle pas à dire, à demander au Maître des esprits, des cœurs et des événements!... L'abandon à la divine Providence est toujours récompensé. Lorsque les adversaires de la Croix surent que les

Supérieurs ecclésiastiques intervenaient, ils suspendirent les hostilités ouvertes, sans toutefois rester moins mécontents.

Les difficultés survenues au dehors n'altéraient en rien la paix des âmes ni la régularité au dedans de la maison. Chaque religieuse, mettant sa confiance en Dieu, se livrait avec zèle aux emplois qui lui étaient assignés; les Novices, tout à leur ferveur, ignoraient même ce qui se passait. Messieurs les Grands-Vicaires, voulant à tout prix tirer la Révérende Mère Henriette de la situation difficile où elle se trouvait, retournèrent près de leur Évêque pour lui rendre compte de l'état des choses et prendre ses avis.

Au jour même des délibérations hostiles à la Communauté de la Croix, 6 août 1838, le Dieu du Calvaire envoyait à son Noviciat une jeune fille d'une des plus honorables familles des environs de Saint-Quentin. Mlle Ursule Macé avait été initiée de bonne

heure, par son vertueux père, aux secrets de
la vie parfaite ; mais naturellement craintive,
irrésolue, elle ne pouvait se décider, malgré
les pressantes sollicitations de la grâce, à
l'embrasser dans toute son étendue. Dès
qu'elle eut fait part de ses perplexités à la
sage Mère Henriette, ses irrésolutions cessèrent peu à peu. Elle était appelée à remplacer plus tard la douce Mère Angèle dans
sa charge de Maîtresse des Novices, et à
donner à toutes l'exemple achevé de l'a-
mour du silence, de la vie intérieure, de
l'humilité la plus profonde. Après avoir été
promue aux plus hautes charges de la Société, elle passa les dernières années de sa
vie dans les épreuves intérieures par lesquelles Dieu a coutume de perfectionner ses
élus. Elle s'éteignit en 1874, à la suite
d'une congestion cérébrale. A la nouvelle
de sa mort, M. le curé de Sains, son pays
natal, écrivit à Mme la Supérieure de la
Croix : « C'est une bien belle âme de plus

que votre Maison envoie au Ciel. Sa vie, son humilité, sa modestie, toutes ses vertus enfin parleront toujours pour elle. J'ai eu l'occasion de l'apprécier, et toujours j'ai admiré combien elle progressait dans les voies de la perfection. »

On voit quels sujets savait former la Révérende Mère. Les premières semences déposées par elle fructifièrent abondamment.

On était arrivé au jour où, pour la première fois, devait avoir lieu la distribution solennelle des prix. Des examens faits aux élèves par M. l'abbé Guyart l'avaient mis à même de constater leurs progrès ; une exposition publique des cahiers, des dessins et des ouvrages manuels faits par les enfants du Pensionnat, prouvait aux familles la variété de l'instruction et quelle éducation solide et sérieuse était donnée à la Croix. M. le Supérieur, M. l'Archidiacre et presque tout le clergé de la ville honorèrent de leur présence la distribution des prix, et n'eurent qu'à féliciter la Révérende Mère de l'heureux ensemble qui s'y était fait remarquer.

Moins d'un mois après, les ferventes religieuses étaient en retraite sous la direction du R. P. de la Ponce. Les règles données par le R. P. Dutems furent définitivement admises comme devant régir la nouvelle Société, et, au jour de la clôture, toutes les religieuses, anciennes et nouvelles, resserrèrent leurs liens, par l'émission des mêmes vœux.

Si la Révérende Mère Henriette prenait grandement à cœur l'avancement spirituel de ses filles, elle avait presque un égal souci de les voir progresser dans les fortes et solides études. Sachant que les professeurs du Collège faisaient les premières classes des Pensionnats de la ville, elle voulut que ses religieuses, peu habituées encore aux usages du pays, reçussent des leçons qui les missent en mesure de placer la Maison de la Croix au moins au même niveau que les autres. Il y avait en ce moment, à Saint-Quentin, deux savants aussi dévoués que capables : l'un était le vénérable abbé Godart dont les loisirs trop nombreux, hélas! pendant la révolution de 93, avaient été tous consacrés à l'étude; l'autre, M. Léopold Terpie qui avait guidé, dans les sciences physiques où il excellait, les Macé, les Margerin, les Lehoult et plusieurs autres des premières familles de la ville. M. l'abbé Guyart apportait aussi l'appoint de son savoir aux jeunes religieuses. Avec des conseillers si sages, des maîtres si distingués, elles firent de rapides progrès et, à la rentrée des classes, elles pouvaient affronter toute concurrence.

Le retour des enfants au mois d'octobre 1838 fut joyeux et consolant pour elles comme pour leurs secondes Mères; elles arrivaient nombreuses et pleines de bonne volonté, sentant bien qu'à la Croix on les aimait, on les revoyait avec plaisir. C'était à qui s'approcherait de la Révérende Mère pour en recevoir un baiser maternel, une bénédiction pour la nouvelle année scolaire. La digne Supérieure était si heureuse de revoir ses chères enfants, de leur faire une petite croix sur le front en l'accompagnant de quelques-uns de ces mots qu'elle seule savait dire !

CHAPITRE VIII

ENTRÉE DE PLUSIEURS POSTULANTES. — VISITE DE Mgr CHATROUSSE, ÉVÊQUE DE VALENCE. — PRISE DE POSSESSION DE LA MAISON DE BAUDREUIL. — BÉNÉDICTION DE LA CHAPELLE.

Le Seigneur bénissait d'une manière sensible cette petite société de la Croix qui lui était chère.

En la fête de sainte Thérèse, le 15 octobre de cette année 1838, M. l'abbé de Garsignies revêtait des livrées du Christ une jeune postulante qui devait un jour être à la tête de la Congrégation dont elle serait la gloire et l'ornement.

Huit jours après entrait au Noviciat une autre jeune fille; son décès, arrivé en 1881, nous permet d'en parler avec plus de détails. Mlle Élisa Fourny, native d'Hargicourt (Aisne), avait, dans un âge encore tendre, perdu sa mère, ce qui la constitua, en qualité d'aînée, la protectrice de ses frères et de sa sœur. Un peu plus tard, un de ses oncles, négociant à Tarare, offrit à son père d'en faire sa fille d'adoption. M. Fourny accepta cette offre avantageuse et la jeune fille passa plusieurs années dans cette maison de commerce où elle se fit remarquer par une rare aptitude pour les affaires. Mais elle était loin, comme elle l'avoua elle-même, d'apporter le même soin aux choses spirituelles. Dieu, qui avait des desseins particuliers sur cette âme, permit que la lecture de bons ouvrages et surtout la direction d'un saint prêtre la transformassent. Bientôt un ardent désir de réparer le passé et de vivre uniquement pour le Dieu qu'elle avait négligé jusqu'alors, la

fit penser à embrasser la vie religieuse. Elle
ne put obtenir de son oncle qu'un essai chez
les Ursulines de Lyon. Six mois après, elle
était rappelée par son père mourant. La
mort de ce bon père plaçait naturellement
sa fille à la tête d'une maison où ses frères
et sa sœur avaient encore grand besoin d'elle.
La jeune fille se dévoua sans mesure, non
seulement au bien de sa petite famille, mais
à celui de la paroisse. Il s'y trouvait bon
nombre de protestants et une jeunesse ne
rêvant que plaisirs et fêtes. Mlle Fourny se-
conda le zélé pasteur dont les généreux efforts restaient presque sans fruits. En peu
de temps, elle sut gagner les jeunes filles
par des réunions intéressantes chaque dimanche. Avec l'autorisation et le concours
de M. le Curé, elle fit fleurir dans la
paroisse les dévotions du mois de Marie, du
chemin de la Croix, l'Œuvre de la Propaga-
tion de la Foi, et sut même ramener des
hérétiques dans le sein de la vraie Église.

8.

Le moment étant arrivé où ses frères et sa sœur pouvaient se suffire, elle songea de nouveau à entrer chez ses chères Ursulines de Lyon. Dieu ne le voulait pas. Son oncle s'y opposa formellement et de sages ecclésiastiques qu'elle consulta, lui firent comprendre que Jésus crucifié l'attendait à l'ombre de sa croix. Habituée à regarder comme expression de la volonté divine la parole de ceux qui la dirigeaient dans les voies spirituelles, elle écrivit immédiatement à la Révérende Mère Henriette une fort belle lettre dans laquelle nous remarquons le passage suivant : « Si, comme je l'espère, je suis admise à la Croix, je mettrai tout mon bonheur à vous en témoigner ma reconnaissance par ma fidélité à toutes les observances religieuses, à l'obéissance surtout. Oh ! que je l'aime, cette vertu ! Je l'aime parce qu'en obéissant à ses supérieurs, on est sûr de faire la volonté de Dieu, et par conséquent de plaire à Celui qui s'est fait obéissant jusqu'à la mort de la croix. »

On devine comment une âme qui comprenait ainsi déjà les vertus religieuses, devait les pratiquer un jour parfaitement.

Le 26 octobre 1838, s'inspirant du souvenir de sainte Chantal, elle brisa tous les liens qui auraient pu la retenir dans le monde, s'écriant : « C'est pour vous seul, ô mon Dieu, que je me sépare de tout ce que j'aime ! »

Tout son noviciat et toute sa vie religieuse furent empreints de cet esprit de foi, de cette énergie, de cette générosité, de cette grandeur d'âme qui lui faisaient voir Dieu partout, en tout et en tous, et lui permettaient de planer au-dessus de tout ce qui n'était pas Lui. Aussi ne tarda-t-on pas à lui confier les postes les plus importants. Plus tard, de 1860 à 1871, elle fut chargée de la direction de la maison de Bar-le-Duc. Dire ici ce qu'elle fut comme Supérieure, comme économe ou conscillère générale, nous entraînerait trop loin. Ces détails sont consignés dans une notice spéciale. Ajoutons seulement que, vers la fin de sa vie, ses vertus éclatèrent plus encore, dans l'épreuve et dans la souffrance. Jamais sa foi, sa soumission à la volonté divine, son abandon, sa confiance en Dieu ne défaillirent un instant. Aussi lorsqu'une congestion cérébrale vint la jeter aux pieds du Souverain Juge, elle était prête et put lui dire dans le sentiment d'une humble reconnaissance : « J'ai combattu le bon combat; j'espère être couronnée! »

Telles étaient les âmes trempées que le Seigneur donnait pour premières assises à l'édifice de la restauration de la Croix.

La Révérende Mère Henriette en jouissait dans le fond de son cœur et ne cessait d'en bénir le ciel. Mais ses occupations se multipliant en même temps que s'accroissait le noviciat, elle comprit la Nécessité de le remettre en d'autres mains, et crut ne pouvoir mieux faire que de le confier à la douce et sainte Mère Angèle. Celle-ci en fut prévenue dès le 29 octobre; mais son humilité s'en alarma tellement, qu'il ne lui fut pas possible d'entrer en fonctions avant le 1er novembre. La vie de cette parfaite religieuse dit ce qu'elle fut pour ses nouvelles filles; nous n'avons pas à nous en occuper ici.

Il n'y avait que la connaissance intime que possédait la Révérende Mère, de cette âme d'élite qui pût la consoler de se séparer ainsi de ses chères Novices. Elle ne les perdit jamais de vue, aima toujours à leur faire une petite visite, à leur dire une parole fortifiante. « Cultivez bien ces jeunes âmes, disait-elle à leur maîtresse. Implantez-y surtout l'obéissance et l'humilité. Gardez-vous de ne leur montrer que le côté attrayant de la vie religieuse. Rappelez-leur souvent qu'il faut passer par les souffrances, la passion et la croix du divin Crucifié, pour avoir part à la gloire de sa Résurrection. »

Communauté, Pensionnat, tout était dans un état prospère, malgré les difficultés soulevées au dehors par la commission des Hospices. M. de Garsignies voulut soustraire ses chères filles à l'hostilité qui les menaçait sans cesse. Il fit des démarches dans la ville pour leur trouver une maison et donna la préférence à celle de M. Crapier. Mais elle était loin de répondre aux besoins, aux exigences même d'un pensionnat. Il fallut renoncer à cette acquisition. Du moins, les familles surent que tout serait tenté, plutôt que d'abandonner l'œuvre commencée et si bien conduite; elles s'en réjouirent, se mirent elles-mêmes en mouvement; dès lors les ennemis de la Croix comprirent qu'il fallait renoncer à une guerre ouverte et l'on put, dans l'intérieur de la Communauté, continuer la vie paisible et religieuse qu'y savaient maintenir la sagesse et la prudence de la Révérende Mère Henriette.

A l'époque de la première communion des élèves, le R. P. Mollet, bien connu dans le diocèse par les diverses missions qu'il avait prêchées avec succès, fut invité par la R. Mère à donner les saints Exercices à tout le Pensionnat. Cette retraite produisit les plus heureux effets, non seulement sur l'esprit des élèves, mais même sur celui des parents, qui purent constater à quoi sert une retraite.

Celle de la Communauté fut donnée cette année-là par le R. Père Sellier lui-même, alors en résidence à Saint-Acheul. On devine facilement la joie, la consolation qu'en éprouvèrent toutes les religieuses et particulièrement la Révérende Mère. Le bon Père Sellier était bien heureux aussi de se retrouver parmi celles qu'il avait aidées à relever l'arbre de la Croix. Longues années après, le souvenir de sa retraite était encore tout vivant. On ne pouvait oublier surtout ces paroles tombées de ses lèvres, au moment des adieux :

« Filles de la Croix, suivez votre Maître ; rappelez-vous que votre nom n'est pas un vain titre. Ceux qui ont le plus approché de notre divin Sauveur, ceux qu'Il a le plus aimés sont aussi ceux qui ont eu le plus de part à ses souffrances, témoin sa sainte Mère et ses Apôtres. Ne vous plaignez jamais de la Croix, puisqu'elle doit vous conduire au ciel après avoir fait de vous des saintes ici-bas. »

Une consolation d'un autre genre attendait la vénérable Mère. On lui annonça soudain la visite de Mgr Chatrousse, évêque nommé de Valence, accompagné de M. l'abbé Guttin, curé de Saint-Maurice de Vienne. Mgr Chatrousse était Supérieur de la Nativité, tandis que la Révérende Mère dirigeait la maison de Valence. A son départ de cette ville, c'était lui qui l'avait soutenue au milieu de ses épreuves ; c'était encore de lui que Dieu s'était servi pour lui indiquer les desseins du Ciel relativement à la restauration de la Croix. Qu'on juge alors de l'émotion, du bonheur qu'éprouvèrent les religieuses du Dauphiné en revoyant ce père de leurs âmes !

Mgr Chatrousse ne chercha pas à dissimuler la joie qu'il éprouvait lui-même de retrouver un moment ses chères filles. Avec la plus grande bonté, il s'informa jusque dans les plus petits détails de leur nouvelle situation et ne craignit pas de dire que si l'on voulait assurer le succès de l'œuvre commencée, il fallait absolument songer à un changement de local. M. de Bully, alors présent, en écrivit à Mgr de Simony qui envoya immédiatement M. de Garsignies pour s'occuper de cette affaire.

Mgr Chatrousse, rassuré sur l'avenir de sa chère colonie, enchanté de trouver celle qu'il appelait *sa bonne Fille* à la hauteur de sa mission, la bénit ainsi que toute sa Communauté, lui disant : « Je vous laisse la paix ;

je pars plein de confiance. Ne craignez pas, le Seigneur veille sur vous. Lorsqu'on prend la Croix pour boussole, quoique battu par la tempête, on arrive sûrement au port. »

Sur ces entrefaites, des décès inattendus dans la ville firent mettre bientôt en vente deux belles propriétés. Immédiatement, M. de Garsignies alla les visiter. D'après son propre avis et celui de tous les amis de la Croix, la préférence fut donnée à l'hôtel de Baudreuil. Cette maison, située dans l'un des plus beaux, des plus sains et des plus paisibles quartiers de la ville, ayant un vaste jardin et jouissant par derrière de l'aération des boulevards, offrait tous les avantages désirables pour l'installation d'une Communauté enseignante. Mais le prix en était bien élevé. La Révérende Mère ne voulait pas tenter la Providence, disait-elle à son digne Supérieur : « Cette maison vous convient-elle? lui répondit-il. — Assurément, mais nos ressources sont trop faibles. — Eh bien, reprit M. le

Supérieur, vous trouverez des amis qui vous viendront en aide. Je vois ici le doigt de Dieu, et, pour répondre à son désir comme au vôtre, je me fais votre caution. — Ah! s'écria la Révérende Mère, les paroles nous manquent pour exprimer notre reconnaissance; nous ne pouvons que prier Dieu de vous rendre au centuple tout ce que vous faites pour nous! »

Sans perdre de temps, M. de Garsignies passa un sous-seing privé qui rendait propriétaire de la maison de Baudreuil la Communauté de la Croix. On acquit en même temps une petite maison attenante, dans le but de séparer entièrement du Pensionnat les classes externes et gratuites.

M. Lemaire, habile architecte, dont le dévouement et la probité avaient déjà longtemps été reconnus par les religieuses de la Croix comme par tous, fut chargé de dresser le plan de la chapelle et de faire les appropriations nécessaires pour transformer le local en raison de sa nouvelle destination.

La Révérende Mère Henriette, ravie et pleine de reconnaissance, se hâta de faire part de sa joie à Nosseigneurs de Grenoble et de Valence, ainsi qu'au R. P. Sellier. Tous lui envoyèrent aussitôt leurs félicitations, témoignage de leur haute estime et de leur paternel intérêt pour sa personne et pour son Œuvre.

On était aux premiers jours de juillet 1840. Le 26 août, fut signé l'acte de vente de la maison de Baudreuil.

Plusieurs postulantes étaient venues se joindre aux ferventes Novices ; on était tout à la joie, lorsqu'un pénible incident vint répandre l'alarme dans tous les cœurs, au mois de mars 1841. La Mère Angèle, tant aimée de la Communauté et des enfants, fut prise, à la suite d'une longue syncope, de crachements de sang qui semblèrent, à tous, les premiers indices d'un mal terrible ! Les soins les plus dévoués, les prières les plus ardentes le conjurèrent pour le moment ; on la déchargea de la classe et l'on ne lui laissa que la direction de ses chères Novices.

Rien ne signala les mois qui suivirent, sinon l'activité avec laquelle étaient menés les travaux à la maison Baudreuil. Dès le 16 août 1848, on put approprier d'une manière fort convenable quelques appartements pour y recevoir Mgr de Simony, qui devait, le lendemain, bénir la chapelle. La Révérende Mère, toujours délicatement inspirée, reçut Sa Grandeur en disant : « Il est juste, Monseigneur, que vous soyez le premier hôte de cette maison que vous allez sanctifier par votre présence, en même temps que vous nous porterez bonheur par la bénédiction que nous osons réclamer. » L'humble Supérieure se mit à genoux avec ses filles, tandis que le vénérable évêque, doucement ému, levait les mains sur elles, en disant : « Que le Dieu mille fois bon vous bénisse, et que ses grâces, comme une abondante rosée, fertilisent toutes vos œuvres ! »

On ne pensa plus qu'à tout préparer pour la cérémonie du lendemain.

Le 19 août 1841, M. Grandmoulin, accompagné de tout le clergé de la Collégiale, venait se joindre à Monseigneur et à ses deux Vicaires généraux, MM. de Bully et de Garsignies. A neuf heures précises, la procession se mit en marche, la cloche de la chapelle sonna pour la première fois; les orgues se firent entendre, une foule compacte et choisie remplissait déjà la nef. Le digne Prélat commença les prières solennelles et la chapelle fut bénite sous le vocable de l'Exaltation de la sainte Croix; le petit autel de la nef, sous celui du saint Cœur de Marie. Il y avait à cela une raison particulière. La Révérende Mère Henriette, émerveillée des grâces sans nombre obtenues par l'Archiconfrérie de N.-D. des Victoires, avait toujours la pensée de la faire ériger aussi dans la chapelle de la Croix. Elle obtint, en effet, cette faveur un peu plus tard, et

M. Grandmoulin, loin de la revendiquer pour sa paroisse, fut le premier à s'inscrire avec ses vicaires sur le registre tenu à la Croix; mais en 1845, M. Tavernier, nouvel Archiprêtre de la Collégiale, obtint de Mgr de Soissons le transfert de l'Archiconfrérie à la paroisse. On remplaça alors le tableau du Cœur de Marie par une fort belle statue de la Vierge immaculée due à la générosité de la famille de Thieulloy, si avantageusement connue et estimée au couvent de la Croix, par suite des relations de Mme Damay et de Mlle E. Loisel. La première fut l'une des meilleures et des plus distinguées religieuses de la Croix; la seconde avait été parmi nos élèves modèles.

Ce jour se termina dans l'allégresse et l'union des cœurs. Les distributions de prix le suivirent de près et l'on put se mettre sans retard au déménagement de la maison rue de la Prison. Ce ne fut pas sans regret que les religieuses dirent un adieu définitif à ces murs qui avaient abrité plusieurs d'entre elles pendant et malgré la tempête révolutionnaire, qui avaient reçu leurs nouvelles Mères et avaient vu se relever la Communauté près de s'éteindre. La petite chapelle surtout leur était chère ! Que de fois elles étaient venues là retremper leurs âmes, chercher force et courage dans les moments difficiles, bénir le Dieu de la Croix des marques si sensibles de sa divine protection ! Toutes le sentaient cependant, la Révérende Mère plus que d'autres peut-être : c'était encore avec actions de grâces qu'il fallait s'éloigner de cette maison trop étroite, puisqu'on allait en trouver une beaucoup plus spacieuse et plus belle !

CHAPITRE IX

MORT DE LA MÈRE VICTOIRE. — ÉRECTION DU CHEMIN DE LA CROIX. — ENTRÉE DE DEUX ÉLÈVES COMME POSTULANTES. — MORT DE LA MÈRE ANGÈLE, DE LA MÈRE HUNÉGONDE, DE M. DE BULLY. — ARRIVÉE DE MÈRE LAFOREST.

Le 13 novembre de cette même année 1841, la Croix était en fête et le Ciel y prenait part. Trois novices de chœur, Mlles Macé, Fourny et Got, prononçaient leurs vœux. Cette profession eut quelque chose de particulièrement solennel : il semblait que tous pressentissent les vertus éminentes et les

services immenses dont les nouvelles religieuses enrichiraient un jour leur chère
Congrégation.

La Révérende Mère surtout éprouvait une
émotion profonde et une joie indicible.
Longtemps après, elle entretenait encore ses
filles de ce beau jour « : N'oubliez pas, leur
disait-elle, que vous ne vous appartenez plus.
Votre titre d'Épouses de N.-S. vous oblige
à une inviolable fidélité. Rappelez-vous
que rien n'est petit au service du Roi des
rois. »

« Rentrons souvent en nous-mêmes, disait-elle à d'autres ; nous verrons notre misère ; nous ne sommes en réalité que de bien
pauvres instruments entre les mains de Dieu.
Reconnaissons sincèrement que nous ne
sommes rien ; que nous ne pouvons rien ;
attendons tout de Lui ; alors Il se servira de
nous pour le bien des âmes. »

Souvent aussi elle recommandait la charité
fraternelle : « Soyez toujours bien unies. Oh !

que l'union dans une maison religieuse entretient la ferveur, assure la correction des défauts, attire les bénédictions du Ciel et procure de paix ! »

L'obéissance encore lui était chère : « On n'a pas fait à Dieu le sacrifice de soi-même, répétait-elle souvent, quand on conserve sa volonté propre ; renoncez-y généreusement pour accomplir en tout et toujours la volonté du bon Maître ; vous serez sûres alors d'être dans la voie de la perfection. »

« Ma bien chère enfant, disait-elle un jour à une jeune religieuse, je vous en prie, donnez-vous à Dieu de tout votre cœur ; prouvez-Lui la sincérité de votre amour par votre dévouement et votre humble soumission. Croyez-moi : l'obéissance, le renoncement doivent particulièrement caractériser une religieuse de la Croix ; ces vertus sont si agréables au divin Maître ! Oh ! que la mort sera douce à celle qui, pendant sa vie, aura été un instrument docile entre les mains de ses supérieurs! Courage, mon enfant, le bon Dieu a sur vous de grands desseins; soyez fidèle! Je désire ardemment que vous soyez un jour une grande sainte. C'est du Calvaire qu'il faut partir pour arriver au Ciel. »

On le voit : c'était à la pratique des vertus les plus solides que la Révérende Mère excitait toujours ses filles, leur proposant, pour les y porter, les motifs de la Foi et les tendres encouragements de son cœur maternel. Oh! combien il se révélait surtout ce cœur si bon, lorsqu'elle avait à préparer l'âme à quelque grand sacrifice ou à une épreuve inattendue et douloureuse! La sympathie, la sensibilité profonde qu'exprimait alors sa physionomie, allégeaient le chagrin des pauvres affligées, et le mot de Dieu qui passait de ses lèvres dans leur cœur, les aidait à tout accepter.

Elle-même allait avoir à subir des épreuves bien pénibles pour son cœur de Mère. La vénérable Mère Victoire, l'une des dernières religieuses avant la Révolution de 93, la compagne assidue de la respectable Mère Hunégonde, venait de s'éteindre le 11 mars 1842, vers sept heures du soir, dans sa soixante-dix-huitième année. Lorsque les religieuses avaient été chassées de leur couvent, l'une des dernières elle avait franchi le seuil de leur Maison, dans l'espérance de rendre encore quelques services à la Religion. On la vit alors pendant les jours de la Terreur cacher les prêtres fidèles à leurs serments, rechercher les petits enfants pour les faire baptiser, les bons catholiques pour leur procurer le bienfait des sacrements; ouvrir un peu plus tard une école à Hirson. Dès qu'elle apprit que la Mère Hunégonde en avait rouvert une dans leur ancien couvent, elle accourut se joindre à elle, fit toutes les démarches possibles pour arriver à la restauration de la Communauté de la Croix, et l'on sait quel fut son bonheur quand les

Mères du Dauphiné vinrent pour rendre la vie à cette Œuvre expirante ! Jusqu'à l'épuisement total de ses forces, puisque cette vénérée Mère ne s'alita que quatre jours avant de mourir, elle se dépensa dans les travaux de l'enseignement, avec un zèle et une piété admirables. Par une délicatesse digne du cœur de son divin Époux, s'il l'obligea à garder le lit le lundi 7, Il l'appela à Lui le vendredi suivant, afin que, selon le désir qu'elle lui avait souvent témoigné, elle ne manquât pas la Messe un seul dimanche de sa vie... Tout le monde voulut honorer, en la conduisant jusqu'à sa dernière demeure, le mérite et la vertu cachés. Les larmes d'une foule de pauvres qu'elle avait encouragés et secourus, furent son plus bel éloge.

Ce premier décès d'une de ses plus vénérées religieuses avait grandement affligé la Révérende Mère Henriette. Il vint raviver en elle un désir qu'elle caressait depuis la bénédiction de la chapelle : y voir les stations du *Via Crucis,* afin de mieux soulager les âmes du Purgatoire qui lui furent toujours si chères! Elle obtint enfin cette précieuse faveur dans le courant du mois d'avril. M. de Garsignies voulant que cette érection du chemin de la Croix dans le nouveau sanctuaire de la Communauté fût profitable à tous, la fit précéder d'une retraite de huit jours. Lui-même la prêcha et la chapelle fut remplie d'une nombreuse assistance, avide d'entendre la parole si pleine d'onction du digne Supérieur. La cérémonie fut très solennelle et, à partir de ce jour, à moins d'une impossibilité absolue, la Révérende Mère Henriette fit quotidiennement le chemin de la Croix. C'était sa dévotion favorite. Aussi l'entendra-t-on demander à ses filles sur son lit de mort, comme dernier témoignage d'affection, une station en sa faveur, chaque fois qu'elles accompliront ce saint exercice.

Au mois de septembre de cette année 1842,

la retraite fut donnée aux religieuses, pour la troisième fois, par le R. P. Sellier. Certes, personne ne désirait un autre prédicateur. Il semblait, du reste, que Dieu eût encore envoyé ce saint religieux à temps pour aider de ses lumières la Révérende Mère et son Conseil, dans une affaire importante. Le R. Père Hilaire, qu'on pourrait presque regarder comme le fondateur de la Société des Religieuses de Nazareth, avait conçu la pensée d'affilier la Croix à cette Congrégation. Il en fit faire la proposition à la Révérende Mère par le P. Sellier. Après beaucoup de prières et de mûres délibérations, on ne jugea pas la chose possible et plus jamais il n'en fut question.

Dieu continuait de bénir la Communauté; plusieurs bons sujets avaient demandé l'entrée du Noviciat. La Révérende Mère, dans un sentiment de reconnaissance et d'humilité profonde, s'écriait : « Que vous rendrai-je, ô mon Dieu, pour tant de bienfaits ! Ne permettez pas que j'en tarisse le cours par mes nombreuses infidélités! » Sa sollicitude pour la formation foncièrement religieuse des Novices n'avait pas de bornes :

« Taillez, émondez ces jeunes arbres, disait-elle à leur digne Maîtresse; cultivez ces plantes de choix que Dieu confie à vos soins; d'un bon et fervent début, dépend la suite de toute une vie. »

La Révérende Mère Henriette avait, on l'a vu, passé par des épreuves multiples et bien pénibles; mais celles qui atteignaient son cœur de Mère la trouvaient beaucoup plus sensible, nous allions presque dire moins forte! Ah! c'est qu'elle était Mère dans toute l'acception du mot!

Les premiers symptômes de l'inexorable maladie qui devait enlever la sainte Mère Angèle à la vénération et à l'amour de tous ceux qui la connaissaient, s'étaient changés en alarmes très vives. Son courage la soutenait plus que ses forces. On ne pouvait se dissimuler qu'elle se rapprochait de plus en plus du Ciel. Et cependant la terre la disputait vivement à cette attraction divine. De toutes parts on priait, on priait ardemment. La pieuse Mère avait plus d'une fois manifesté le désir de partir pour la céleste Patrie en un jour de fête de la Très Sainte Vierge. L'Annonciation approchait. On résolut d'opposer une barrière surhumaine à ce départ : une neuvaine fut commencée ; avec quelle ferveur, on le devine ; les sacrifices, les pénitences de tous genres se joignirent à la prière ; on était tout à la confiance, à l'espoir.

Seule, la chère malade ne se faisait pas illusion. « Mes chères enfants, dit-elle un jour à ses Novices, c'est fini, je m'en vais, et c'est bien tant mieux ! La vie est si peu de chose ! Pourquoi la regretterions-nous ? Le bonheur, c'est la mort qui conduit au Ciel ! »

Le fruit était trop mûr pour ne pas tomber de sa frêle tige. A la dernière heure du 25 mars 1843, Marie vint le cueillir. Mère

Angèle s'éteignait dans sa trente-sixième année, vingtième de son entrée en religion, sixième depuis son arrivée à Saint-Quentin. Ce court espace de temps avait suffi pour la faire estimer et chérir de tous. Partout dans la ville on se répétait : « La sainte Mère Angèle est morte! Quelle perte pour la Croix! »

Nous ne dirons rien de plus de cette vie et de cette mort. Les détails en ont été consignés, dans une notice spéciale, par une main habile et un cœur ami. Ce que nous ne pouvons retracer ici, c'est l'immense douleur de la vénérée Mère Henriette. Elle voyait disparaître si tôt l'une de ses filles les plus aimées, en qui elle avait fondé tant d'espérances! Un cri déchirant s'échappa de sa poitrine; il lui fallut faire appel à toute sa foi pour se résigner et relever le courage de ses filles, surtout des pauvres Novices, atterrées de ce terrible coup! Ce fut à elles tout d'abord que pensa la vénérable Supérieure.

Elle nomma Mère Macé sous-maîtresse du Noviciat, mais se réserva pour quelque temps la direction spirituelle de ces chères âmes, qui lui étaient si connues.

Le divin Maître voulut presque aussitôt appliquer un baume sur la blessure qu'Il venait de faire. Pour la première fois depuis la restauration, deux élèves de la Croix demandèrent à y entrer comme postulantes, deux enfants de bénédiction qui devaient orner et parfumer le parterre du céleste Époux : c'étaient Mlles Sophie Richepin et Célina Monfourny.

La petite Sophie avait été la première élève du Pensionnat. Orpheline dès le plus bas âge, elle fut confiée à sa tante, la très digne Supérieure de l'Hôtel-Dieu, qui la mit à la Croix pour la préparer au grand acte de la première Communion. Six ans plus tard, contre l'attente et malgré les secrets désirs des religieuses hospitalières et de la vénérable Mère Saint-Augustin, Sophie demandait l'entrée du Noviciat de la Croix. Sa riche nature, si bien douée des qualités de l'esprit et du cœur, en fit un excellent sujet. Malheureusement le Ciel ne nous la prêta que peu d'années; elle fut ravie à la Croix à l'âge de trente-deux ans, par un squirre impitoyable, le jour même de la Dédicace. Cette coïncidence fut remarquée par tous : tant de fois elle avait, de sa voix ravissante, chanté le *Quam dilecta* qu'elle allait continuer aux parvis éternels! C'était encore une enfant chérie de la Révérende Mère Henriette. Aussi qui n'a souvenance des sanglots entrecoupés de son cœur maternel, que ne put étouffer la majesté du Lieu saint au moment où sortit de la chapelle la dépouille de cette religieuse, son enfant bien-aimée !

Mademoiselle Célina Monfourny devait fournir une plus longue carrière. Arrivée au Noviciat le 13 mai 1843, elle ne quitta ce bas monde qu'en 1886, dans sa soixante-deuxième année. Toute sa vie fut une longue suite d'actes de régularité parfaite, d'abnégation entière, de respect et de soumission admirables envers ses Supérieurs. Exerçant simultanément les emplois de sacristine, de lingère, de réglementaire, de maîtresse de chant, d'écriture, de Mère infirmière, de surveillante, de visitatrice du soir, elle se dévouait partout, sans bruit comme sans mesure. Les Anges seuls ont pu compter ses pas, ses sacrifices, ses actes intimes faits dans le seul but de plaire à son Dieu! Qu'elle devait lui être agréable cette âme dont le vénérable M. Guyart, son digne Supérieur, disait *qu'elle ne commettait pas un seul péché véniel de propos délibéré!* Elle vit la fin de son exil ici-bas dans la maison de la Croix, à Soissons, où elle avait passé la plus grande partie de sa vie.

Le 21 juin s'ouvrirent, pour le pensionnat, les exercices de la retraite donnée par le R. P. Joseph Bazin. Quelques jours après, son frère, le R. P. Stanislas, en commençait une autre pour les associés de l'Archiconfrérie. La Révérende Mère comptait profiter pour elle-même et pour ses filles de la sainte parole dont elle était toujours avide, lorsque de nouvelles anxiétés vinrent troubler et renverser ses pieux projets. La respectable Mère Hunégonde, chargée de mérites, de vertus et de ses quatre-vingt-quatre ans, se mourait ! M. l'Archidiacre fit offrir à la Révérende Mère de transférer les exercices de la retraite à la Collégiale. Elle n'osa s'y opposer.

Combien son cœur souffrit encore de voir disparaître cette vénérable Mère, à qui l'on devait la conservation et l'existence nouvelle de la Congrégation de la Croix ! La Notice biographique de la Mère Hunégonde dit au long les vertus de cette âme si fortement trempée. Colonne inébranlable du vieil édifice de la Croix, diamant précieux du nouveau, elle devait être choisie de Dieu comme pierre vivante d'une autre fondation dans l'éternelle cité !

Là ne devaient pas se borner, en cette année 1843, les brisements de cœur de la vénérée Mère Henriette.

On se rappelle ce qu'avait été le vénérable M. de Bully pour la Congrégation de la Croix, combien il avait contribué à son relèvement. Si sa frêle santé l'avait obligé à se démettre de ses fonctions de Supérieur, il n'en avait pas moins conservé pour la Maison et surtout pour celle qui la dirigeait avec tant de sagesse et de bonté, un intérêt et un dévouement hors ligne. Ce saint prêtre, dont tout le diocèse admirait et aimait les vertus éminentes, venait de se rendre à Laon pour y visiter ses communautés, lorsqu'il mourut subitement dans les salons de la Préfecture de l'Aisne, le 14 juillet, vers six heures du soir ! La nouvelle en parvint le lendemain à la Révérende Mère Henriette. Dire sa douleur, sa consternation, est chose impossible. « Mes sœurs, dit-elle après les premiers moments passés, le diocèse vient de faire une grande perte dans la personne de M. le Vicaire général de Bully; pour nous, c'est un protecteur, un père qui nous est enlevé! Ah! prions. » L'émotion l'empêcha d'en dire davantage. Toutes tombèrent à genoux et de ferventes supplications s'élevèrent de leurs cœurs reconnaissants. C'était à qui rappellerait ses hautes vertus, ses manières pleines de noblesse, son tact exquis, son extérieur gracieux et bienveillant qui partout et toujours lui avaient concilié les esprits et les cœurs.

Heureusement la retraite annuelle donnée par le P. Bazin, retraite dont le souvenir fut gardé bien longtemps, vint rasséréner et fortifier les âmes.

Un peu plus tard, le 9 novembre, la Révérende Mère vit arriver avec consolation une religieuse de la Nativité, la Mère Laforest, qui, autorisée par Mgr Chatrousse et Mgr de Simony, se fit agréger à la société de la Croix.

Cette bonne et fidèle religieuse devait l'édifier pendant quarante années encore. Elle mérita par sa parfaite régularité d'être surnommée *la Règle vivante*.

Mgr Odon Thibaudier, évêque de Soissons, au moment de son décès, dit à la communauté que la régularité portée à un degré si parfait, était la marque infaillible d'un esprit profondément religieux. En effet, la digne Mère Laforest avait le respect et l'amour de la règle, de toute autorité émanée de Dieu, des observances les plus minimes. Saisie de crainte à la pensée de la mort, elle avait souvent répété qu'elle priait pour obtenir de mourir subitement. Plus tard, elle comprit qu'il était plus parfait de s'aban-donner au bon plaisir divin. Dieu l'en récompensa : elle s'éteignit doucement, et tout à coup, dans sa quatre-vingt-troisième année, à la suite d'un catarrhe, le 26 décembre 1883. A la nouvelle de cette mort, M. Dupuy, le vénéré Lazariste, ancien Supérieur du séminaire de Saint-Léger et confesseur extraordinaire des religieuses de la Croix, écrivait à sa digne Supérieure :

« Vous perdez une véritable amie, et la Communauté un modèle de piété, de régularité et de charité. Combien, pendant vingt ans, j'ai été édifié par la simplicité, la droiture, la pureté d'intention avec lesquelles cette âme allait à Dieu. Elle ne regardait que Dieu et son devoir, mais comme ce regard était simple, plein de naïveté et de confiance ! »

CHAPITRE X

L'année 1844 devait apporter à la Révérende Mère Henriette de douces consolations suivies de rudes épreuves. Presque toujours, pour elle comme pour les âmes privilégiées, une satisfaction de cœur était

achetée ou payée par un douloureux sacrifice.

La Révérende Mère avait pour le Sacré
Cœur de Jésus une dévotion tendre qu'elle
cherchait à inculquer en tous ceux qui l'entouraient. Chaque année, elle faisait célébrer avec toute la solennité possible la fête
de ce divin Cœur: sa joie fut grande lorsqu'elle vit arriver ce jour-là, 14 juin, Mgr de
Prilly, évêque de Châlons, de sainte et
vénérée mémoire. Elle pensa tout de suite
combien la présence de ce digne Prélat allait
rehausser l'éclat des cérémonies. Monseigneur célébra le saint Sacrifice, adressa
quelques paroles d'édification à la Communauté et aux enfants. Sa Grandeur, qui
devait passer deux jours à Saint-Quentin,
voulut bien accepter l'offre que lui fit la
Révérende Mère d'occuper l'appartement de
M. de Garsignies. Son extrême bienveillance, sa bonté, ses entretiens paternels,
charmèrent les esprits et les cœurs. De son

côté, Mgr de Prilly apprécia grandement les vertus et les qualités de la Révérende Mère, témoigna beaucoup d'estime et d'intérêt à la communauté, et dit agréablement qu'*on se reposait délicieusement à l'ombre de la Croix*. Dès lors s'établirent entre l'évêque de Châlons et la Révérende Mère Henriette les meilleurs rapports.

Le 14 août, on vit arriver au Noviciat Mlle Mélanie Séverin, du Verguier, appartenant à une famille que la piété distinguait et qui devait donner à la Communauté deux excellents sujets. Mlle Séverin n'avait pas été élève de la Croix comme sa sœur Joséphine, mais, par un dessein secret de Dieu, ce fut elle qui se sentit attirée vers la vie religieuse. Sa vie, écrite en quelques pages, résume ses admirables vertus. On peut dire d'elle qu'elle marcha d'un pas toujours agile dans les voies de la perfection et qu'elle ne connut que le progrès. Dès son noviciat, elle pratiquait à un degré si élevé les vertus

de pauvreté, d'obéissance, de détachement
d'elle-même et des créatures, qu'elle vexait
les moins généreuses et déconcertait les
plus ferventes. Nommée plus tard maîtresse
des Novices, conseillère, admonitrice de la
Supérieure générale, elle laissa partout le
souvenir impérissable de ses exemples d'esprit intérieur, d'humilité profonde, de charité inépuisable. Habituellement souffrante,
les seize dernières années de sa vie, elle
allait se dévouant toujours et se préparant
à faire la mort d'une sainte, ce qui arriva
le 19 janvier 1876. En toute vérité, on peut
dire d'elle que personne n'a fait moins de
bruit et n'a tenu plus de place. C'est un
vide que rien n'a comblé!

On comprend quel bonheur éprouvait la
Révérende Mère quand elle recevait et voyait
à l'œuvre des sujets si propres à lui donner
les plus belles espérances. Quelques jours
plus tard, elle eut encore une consolation :
Mgr Dufêtre, évêque de Nevers, de pas-

sage à Saint-Quentin, fit un petit séjour à la Croix et voulut bien adresser aux Mères d'abord, puis aux enfants, de ces chaleureuses paroles dont il avait le secret. Après son départ, la Révérende Mère dit à ses filles : « Profitons bien de tant de grâces, mes chères sœurs, afin qu'il soit vrai de dire que la sainte parole n'est tombée ni sur le grand chemin ni sur la pierre, mais dans des cœurs bien préparés. Soyons très reconnaissantes, cela plaît à Dieu et attire de nouvelles faveurs. »

On en eut bientôt la preuve : la Communauté se livrait aux exercices de la retraite annuelle sous la direction du Révérend Père Beignet, lorsque, la veille de l'Exaltation de la Croix, la divine Providence envoya Mgr Affre, archevêque de Paris, faire une halte à la Croix. Le lendemain, jour de la fête patronale, Sa Grandeur célébra la sainte Messe et reçut la rénovation des vœux. « Je n'ose demander à Mgr l'Archevêque de nous adres-

ser quelques paroles, avait dit la Révérende
Mère à ses filles; priez Dieu de le lui inspirer. » L'Esprit-Saint se chargea de réaliser le désir de toutes. Monseigneur fit une
magnifique allocution sur le bonheur des
âmes étroitement liées à Dieu par les vœux
de religion, ce qui les rend toutes-puissantes,
ajouta-t-il, sur le cœur adorable de Jésus.
Quelles eussent été la vénération et la gratitude de chacune si elle avait pu deviner
qu'elle se trouvait en présence d'un futur
martyr de la charité !

Tant de pieuses jouissances devaient préparer le cœur de la Révérende Mère Henriette à de grands chagrins. Depuis le mois
de mai, la sœur Euphémie Bethfort, l'une
de ses chères Novices, avait dû, d'après
l'avis du médecin, rentrer dans sa famille.
Elle était atteinte d'une maladie de poitrine
qui laissait bien peu d'espoir. Ce départ
forcé avait causé autant de peine à la vénérée
Supérieure qu'à la malade. Celle-ci n'avait

pu se résoudre à franchir le seuil du couvent qu'après avoir obtenu la promesse que, dans le cas où le mal ferait craindre une fin très prochaine, il lui serait permis de faire ses vœux. La Révérende Mère, autorisée par son vénéré Supérieur, le lui promit. Les premiers temps de son retour à Savy, son pays natal, sœur Bethfort éprouva un léger mieux. Il fut de peu de durée : la maladie s'aggravait de jour en jour ; Mlle Bethfort comprit qu'elle approchait du terme. Elle se hâta de faire écrire à la Révérende Mère pour lui rappeler sa promesse. M. Guyart, député par Monseigneur, alla recevoir les vœux de la mourante, qui les fit avec une ferveur et une joie inexprimables. Deux des sœurs commissionnaires purent assister à cet édifiant spectacle. La jeune agonisante reçut ensuite les derniers sacrements et, peu après, exhala son dernier soupir, à l'âge de vingt-quatre ans, le 10 octobre 1844. Elle emportait dans la tombe, avec les regrets de tous, le voile noir, la croix et l'anneau des Épouses du Christ.

Dès que la Révérende Mère apprit son décès, elle en fut vivement affectée et se hâta de faire appliquer à cette âme si chère les suffrages déterminés par la Règle pour les religieuses défuntes.

Depuis le mois d'avril, la Collégiale avait perdu son digne pasteur, M. Grandmoulin, mort dans la pratique fidèle des plus austères devoirs. La Révérende Mère Henriette avait fait beaucoup prier pour le vénéré défunt et ne cessa, dès lors, de recommander à ses filles de redoubler de ferveur pour obtenir un archidiacre selon le cœur de Dieu. Ses vœux furent grandement exaucés : le 31 octobre 1844, M. de Garsignies, délégué par Mgr de Simony, vint procéder à l'installation de M. Tavernier dont la mémoire, les vertus et le zèle ardent sont restés en vénération dans la ville de Saint-Quentin comme à la Croix, depuis son décès, en 1865.

Peu de temps après son arrivée, le nouvel Archiprêtre vint faire sa visite à la Révérende Mère et à toute sa Maison. Il répondit aux témoignages de respectueuse bienvenue, par les paroles les plus bienveillantes, les plus flatteuses même ; jusqu'à sa mort, le digne et zélé M. Tavernier ne cessa de donner à la Croix des marques de bonté et d'estime. Il voulut lui en laisser une preuve toujours vivante, en lui léguant une relique de la vraie croix qui lui était infiniment chère, et qu'il avait fait très joliment enchâsser. Cette croix est encore celle qui repose sur l'autel de la salle de communauté et qui est exposée à l'adoration des fidèles, chaque année, au jour de l'Exaltation.

Un nouvel ordre de choses avait amené des changements parmi MM. les ecclésiastiques de la Collégiale. M. de Garsignies comprit que, ne pouvant priver la paroisse d'un prêtre tel que M. l'abbé Guyart dont le zèle et la prudence y étaient si fort goûtés, le

moment était venu de donner un aumônier
spécial à la Croix. D'accord avec Monseigneur, il choisit M. Hamelet, prêtre pieux et
savant, digne à tous égards de la confiance
que lui témoignaient par là son évêque et
MM. les Grands-Vicaires.

Bien que parfaitement soumise, la Révérende Mère sentit vivement la privation
qu'elle et sa Communauté devaient subir.
Depuis la restauration de la Croix, M. Guyart
avait été l'un de ses plus fermes appuis ; le
sage conseiller, le confident intime de la
vénérée Supérieure et de ses chères filles ;
le père spirituel des enfants du pensionnat. La Maison tout entière fut dans le
deuil. Elle ne s'en consola qu'en trouvant
plus tard et toujours, dans ce saint prêtre,
surtout lorsqu'il devint le Supérieur de la
Croix, le même cœur, le même dévouement,
un intérêt sans limites et de plus en plus
paternel.

Au milieu de tant d'événements divers, la

digne Mère Henriette était soumise à de rudes épreuves intérieures. Dieu travaillait cette âme choisie; en Lui seul, elle cherchait force et consolation. « Oh! disait-elle, que la religion a de puissance pour soulager nos maux, quels qu'ils soient! Seule, elle a le secret de consoler, d'encourager, de fortifier! Oui, je suis plus portée à louer, à bénir mon divin Maître quand je me sens terrassée par mes peines intérieures! Alors j'implore avec plus de confiance la miséricorde de mon bon Jésus! Je le prie de me purifier de mes péchés : je m'abandonne à sa volonté sainte et lui demande la grâce de souffrir pour Lui et de l'aimer toujours. Croyez-moi, ce n'est qu'après avoir éprouvé de grandes peines intérieures qu'on peut se faire une idée des souffrances du cœur de Jésus. »

Bien des personnes du monde venaient chercher auprès de la Révérende Mère quelque allègement à leurs peines; elles étaient frappées de la facilité et de la délicatesse avec lesquelles elle appliquait à leurs blessures le baume réparateur; jamais elles ne se retiraient sans être réconfortées, consolées. Ah! c'est que lorsqu'on a senti l'aiguillon de la douleur, on peut mieux comprendre celle des autres et y compatir!

Ce n'étaient pas seulement les souffrances morales qui éprouvaient ainsi la Révérende Mère; elle avait aussi à supporter des maux physiques, des infirmités, triste prélude de celles qu'elle endura si longtemps avec tant de patience et qui devaient la conduire au tombeau! Obligée quelquefois de se priver de la sainte Messe et de la divine Eucharistie, elle s'en affligeait profondément. « Je suis bien lâche, disait-elle alors; les saints auraient marché à pieds joints sur de semblables difficultés. Priez Dieu pour moi, afin que je n'aie pas un jour à répondre de ma mollesse et du mauvais exemple que je vous donne! » Puis elle prenait son crucifix et méditait sur la Passion de

N.-S., l'une de ses dévotions favorites. On lui
voyait aussi bien souvent à la main l'Imitation de J.-C. ou son chapelet.

Une nouvelle peine était encore réservée
au cœur sensible de cette bonne Mère, toujours pleine de sollicitude et d'anxiété pour la
santé de celles de ses religieuses qui lui semblaient le plus délicates.

Peu de temps après sa première Profession,
la sœur Nettelet lui donna de sérieuses inquiétudes ; une toux continuelle, une fièvre
ardente, une faiblesse extrême, tout faisait
présager un triste dénouement. La malade
elle-même le pressentait. Il fallut bientôt
songer à l'Extrême-Onction. « Ce n'est pas
tout, dit sœur Nettelet à sa digne Supérieure ;
j'ai une bien grande grâce à vous demander ;
ma Mère, dites que vous ne me la refuserez
pas ; elle doit contribuer à ma paix, à mon
bonheur ; je voudrais faire mes derniers
vœux avant de mourir ! — Ma chère enfant,
répondit la Révérende Mère, la paix est un

bien mille fois précieux, vous l'avez ; mais s'il dépend de moi de l'augmenter, j'en serai bien heureuse ! Je vais, dès ce moment, en parler aux Mères du Conseil que je dois consulter. »

Toutes furent d'avis d'accéder aux désirs de la pieuse mourante. Elle en reçut l'assurance avec une joie indicible. Son bonheur se peignit sur ses traits pendant la cérémonie, plus touchante encore sur un lit de souffrances, d'où l'on sent qu'on ne se relèvera que pour prendre son essor vers l'éternité ! Elle s'éteignit doucement entre les bras de son céleste Époux, le 29 novembre 1844. Si la Révérende Mère avait un vif chagrin de voir ainsi disparaître de vénérables anciennes ou de jeunes sujets pleins d'avenir, elle avait du moins l'immense consolation de les voir toutes mourir saintement et former une nouvelle communauté au ciel !

CHAPITRE XI

Depuis longtemps déjà M. de Garsignies
faisait espérer à la Révérende Mère Henriette qu'il viendrait lui-même prêcher la
retraite aux enfants de la première communion. Il put enfin tenir sa promesse le 29 juin
1845. Tout le pensionnat et bon nombre de

personnes de la ville suivirent les saints Exercices. On était avide d'entendre cette parole onctueuse, persuasive, si pleine de foi et d'amour! La première communion du 2 juillet 1845 fut remarquable entre bien d'autres, par la ferveur qu'apportèrent les enfants à s'y préparer. Ce jour-là, le Dieu de l'Eucharistie se choisit une épouse parmi les premières communiantes.

C'est pendant cette retraite que M. de Garsignies, parlant des avantages de l'éducation donnée à l'ombre de la Croix, s'était écrié : « Pour moi, mes enfants, j'aime cette Œuvre du fond de l'âme, parce que je vois tout le bien qu'elle est appelée à faire. Je lui ai consacré avec délices les premières années de ma vie sacerdotale, et mon titre le plus cher est bien celui de *Père de la Croix!* »

On comprend que si de telles paroles avaient leur retentissement dans tous les cœurs, elles faisaient battre délicieusement celui de la Révérende Mère. Il en était de

même chaque fois qu'une cérémonie religieuse venait accroître le nombre de ses
filles ; aussi vit-elle avec bonheur plusieurs
professions cette année-là. M. de Garsignies
ne voulut pas quitter la Croix sans avoir reçu
les premiers vœux de Mlle Darras qu'il avait
dirigée autrefois, ni sans avoir affermi dans
sa vocation une autre âme dont il avait aussi
été le guide, Mlle Damay. Ces deux excellents
sujets ont fait pendant longtemps l'édification
de la Communauté, en même temps qu'elles
lui ont rendu d'éminents services. La Révérende Mère semblait deviner tout ce qu'elle
pouvait attendre de certaines postulantes ;
aussi leur ouvrait-elle ses bras et son cœur,
après avoir fait monter vers le Ciel mille et
mille actions de grâces. La devise de saint
Ignace lui était familière : Tout pour la plus
grande gloire de Dieu, répétait-elle souvent,
et elle ajoutait : *en Jésus crucifié !*

Lorsque, à de rares intervalles, la digne
Mère faisait une instruction aux Novices,

11.

instinctivement elle leur parlait de l'obéissance et de l'humilité, ses deux vertus de pré-
dilection. « Il y a tout à gagner, mes chères
enfants, dans l'imitation de N.-S. Voyez-le
de la Crèche au Calvaire; son plus grand
soin est d'accomplir toujours la volonté de
son Père céleste. Mes enfants, les vertus ne
s'acquièrent que par les actes qu'on en fait.
Ah! qu'il est doux de pouvoir se dire à chaque instant : « Je fais la volonté de Dieu! »
Une novice obéissante est une enfant qui dort
tranquillement sur le sein de sa mère. Que
cette vertu commence, développe et con-
somme votre perfection. L'amour de l'obéissance dont on anime une action, vaut souvent mieux que l'action elle-même : elle en
double le mérite. Oh! mes enfants, je voudrais voir tous vos cœurs s'élancer aussi à
l'assaut de l'humilité. Nous craignons, nous
fuyons les humiliations et nous devrions les
désirer, les savourer! Comme l'aimant attire
le fer, ainsi l'humilité attire la grâce. N'en-

tendez-vous pas le divin Maître vous dire,
chaque matin, à l'oreille du cœur : « Mon
« enfant, sois humble, sois petite ! » Donnez-
moi une novice bien humble, et je n'aurai
aucun doute sur sa persévérance. Une religieuse bien humble ! mais il faudrait l'ache-
ter au poids de l'or ! »

Quelle douceur, quelle simplicité dans ces
paroles ! Comme elles étaient persuasives, ap-
puyées par les exemples que la Révérende
Mère donnait tous les jours de ces vertus !
Ne l'avait-on pas vue toujours profondément
respectueuse avec ses supérieurs ecclésiastiques, déférant humblement à leurs avis,
même à leurs moindres désirs ! Jamais, au
plus fort de ses épreuves, une plainte n'était
tombée de ses lèvres. « Dans ces conjonctures, disait-elle, je rentre en moi-même et,
sondant mon pauvre cœur, n'y voyant que misère, je trouve que Dieu me traite comme je
le mérite ; je sens que l'épreuve épure, éclaire ;
je ne puis donc que baiser la main qui me

frappe. » De tels sentiments laissaient lire dans cette âme si noble et si simple, si cachée et si grande ! Une humilité reconnaissante jointe à un je ne sais quoi de digne, donnait à tout l'ensemble de sa personne un cachet particulier qui frappait tous ceux qui la voyaient. C'est ainsi que tous lui gardaient un souvenir plein d'estime et qui ne s'éteignait qu'avec eux.

Mgr Verroles, évêque de la Mandchourie, vint en France, à cette époque, solliciter des secours et recruter des missionnaires. Dire l'attitude de l'humble Mère en présence de ce confesseur de la Foi, renommé par ses travaux, ses vertus et ses souffrances, serait difficile. Avec quel intérêt, quelle émotion elle écoutait les récits du saint Prélat ! Elle ne put que lui dire : « Si depuis que je me suis consacrée à Dieu, je me suis fait gloire d'être pauvre, en ce moment, Monseigneur, je regrette de n'avoir à déposer entre vos mains que l'obole de la veuve. — Et moi, ma digne Mère, je trouve que, passant par votre cœur, cette obole s'est changée en une perle précieuse. »

Un généreux enthousiasme, une pensée d'admiration pour ce Prélat qui avait porté la cangue, un ardent désir de lui faire quelque offrande pour ses missions s'emparèrent de tous les cœurs des élèves : ce fut à qui se dépouillerait le plus d'images, de chapelets, de médailles, d'argent même. La sacristie vint aussi grossir le trésor du vénérable évêque qui souriait, doucement ému. « Oh! Mesdames, mes enfants, dit-il, Dieu vous le rendra! Mes prières et celles de mes chers chrétiens vous sont assurées; j'emporte votre souvenir. — Nous garderons le vôtre, Monseigneur, répondit la Révérende Mère. Veuillez parler à Dieu de mes nombreux besoins et lui recommander notre petite société. »

Un peu plus tard, une autre visite vint combler de joie la vénérée Supérieure. Mgr de Prilly arrivait une seconde fois faire un petit

séjour dans la maison qu'il n'avait pas oubliée. Dès le grand matin, il était à la chapelle, voulant, disait-il, faire son oraison avec
la Communauté. A sept heures, il célébrait
la sainte Messe et, après son déjeuner, Mgr de
Châlons voulut voir les enfants. On le com-
plimenta; mais le bon évêque avait plus d'une
distraction... Il remarquait, depuis un long
moment, une petite fille qui cherchait à prendre un beau cheveu blanc tombé sur sa sou-
tane... Enfin elle le tint toute joyeuse ! Mgr de
Prilly sourit et dit en toute simplicité : « Ceci
me rappelle que, pendant ma tournée, en
sortant de l'église, une des premières communiantes rompit les rangs pour chercher à
terre avec beaucoup d'attention. Le curé du
village crut qu'elle avait perdu quelque chose
de précieux : « Que faites-vous, mon enfant,
« lui dit-il? — Monsieur le curé, je cherche
« un cheveu que j'ai vu tomber de la tête de
« Monseigneur. » Ceci m'ayant été rapporté,
je voulus récompenser l'esprit de foi de cette

chère petite et je lui envoyai une mèche tout entière... — Qu'elle est heureuse, dirent spontanément plusieurs voix ! — Monseigneur, reprit un ecclésiastique présent à cette scène, ne serait-il pas possible de satisfaire aux désirs de ces chères enfants ? — Rien de plus facile, » répondit l'excellent Prélat, en tournant de son côté sa belle chevelure d'argent... Aussitôt l'on présente des ciseaux, et comme les enfants se disputaient cette précieuse mèche : « Coupez encore, dit le bon Prélat, que tout le monde soit content... » Quel air heureux, quel fin sourire montrait alors la Révérende Mère et quelle gratitude !

Au mois de juillet de cette année 1846, M. l'abbé Théodore de Ratisbonne, frère de l'illustre converti, vint donner les exercices de la retraite au pensionnat.

Peu après, les vacances s'ouvrirent et la Révérende Mère put enfin entrevoir la réalisation d'un désir qu'elle avait bien des fois déjà exprimé à M. le Supérieur, celui de voir procéder à de nouvelles élections. Outre qu'elle croyait utiles, nécessaires même au bien de la Communauté, certains changements que rendaient possibles le nombre de sujets et les aptitudes de plusieurs, elle nourrissait la secrète espérance d'être alors déchargée de son lourd fardeau. « Courage, mon âme, se disait-elle, redouble d'ardeur ; le bon Maître sait ce qu'il faut à ces chères filles dont il m'a commis le soin. Il voit mon impuissance ; non, je ne suis pas digne de commander ; le gouvernement de la maison serait bien mieux en d'autres mains ; je suis si pauvre, si misérable ! » Et répandant des larmes sur sa prétendue incapacité, elle suppliait le Seigneur de se choisir des représentantes plus dignes de Lui.

Enfin, dans le cours du mois d'août, M. de Garsignies, qu'elle avait déjà entretenu bien des fois de ses ardents désirs à ce sujet, lui envoyait les lignes suivantes :

« Ma chère Fille,

« Je me rendrai très prochainement à la Croix. J'ai entretenu Monseigneur des graves intérêts qui vous préoccupent ; le digne Prélat comprend nos motifs et consent à ce que je préside, en son nom, aux élections. Mettez tout, ma très chère Fille, entre les mains de Dieu ; unissez-vous toutes dans une prière constante et assidue ; attendez, dans le recueillement et le calme, la manifestation de la volonté du Seigneur. Je vous arriverai dans quelques jours. »

Aussitôt la réception de cette lettre, la Révérende Mère en donna connaissance aux Mères en charge. Puis toute la communauté s'unit dans une même prière, implorant avec ferveur les lumières de l'Esprit-Saint.

A peine arrivé, M. le Supérieur, accompagné de M. Hamelet, le digne aumônier de la Croix, fit procéder tout d'abord à l'élection de la Supérieure.

A l'unanimité, la Révérende Mère Henriette fut élue par scrutins secrets, et proclamée Supérieure générale à vie. Ce qui se passa dans son for intérieur, nul ne saurait le dire; mais il était facile, d'après son attitude humble et soumise, de voir que la victime se courbait sous le sacrifice, devant la volonté divine! On procéda immédiatement aux autres charges qui, d'après le désir exprès du vénéré Supérieur, furent réparties entre chacune des Mères capables de les exercer; le cumul cessa. Pour la seconde fois, les Constitutions venaient d'être revisées par le Révérend Père Guidée, provincial de la Compagnie de Jésus. Dès lors, tout prit une forme plus régulière, une marche ascendante.

Cette année de consolation eut un beau couronnement : la Communauté vit entrer au Noviciat, le 14 décembre 1846, Mlle Zénaïde Dorigny, nièce de la sœur Saint-Benoît, qui fut plus tard Supérieure à l'Hôtel-Dieu de Saint-Quentin.

C'était un sujet de grande espérance; l'avenir le prouva. Nous ne pouvons rien dire de plus, sans alarmer une modestie toujours vivante et extrêmement délicate.

[illegible]

CHAPITRE XII

Après les premiers moments d'une douloureuse résignation, la Révérende Mère
Henriette reprit courageusement le fardeau
sur ses épaules. Tout de suite, elle s'occupa
de l'impression de la Règle, afin de pouvoir
bientôt en enrichir chacune de ses filles.
« La Règle, leur dit-elle, c'est le livre qu'il

importe d'avoir constamment sous les yeux pour le consulter dans nos doutes. Toute illusion est impossible à qui sait la méditer, la savourer; elle répond à toutes nos difficultés; elle est la lumière, la voie, le conseiller fidèle des bonnes religieuses. Quiconque la suit avec une invariable fidélité est sûr d'entendre, au moment de la mort, le Souverain Juge prononcer une sentence favorable. »

Aussi, dans ses conférences comme dans ses entretiens particuliers, la Révérende Mère recommandait souvent la fidélité aux plus petites choses.

Pour appliquer tout de suite les prescriptions de la Règle, le 14 septembre 1847, à l'issue de la retraite donnée par le Révérend Père Dupuy, la digne Supérieure, toutes les Mères anciennes et quatre jeunes professes qui venaient de faire leur second noviciat, ajoutèrent, pour la première fois, le vœu de stabilité perpétuelle aux vœux de pauvreté, de chasteté et d'obéissance. Ce fut un beau jour pour le cœur de la Révérende Mère !

Son jugement était si droit et si sûr que parfois elle semblait deviner l'avenir. A l'aide de quelques bruits, avant-coureurs de la Révolution de 1848, elle pressentit que des diplômes deviendraient indispensables aux maîtresses de classe et engagea celles qui lui paraissaient le plus aptes à les obtenir, à se préparer aux examens. Bien que ce fût pour chacune un grand surcroît de travail, puisque le nombre restreint du personnel de la maison ne permettait pas de les remplacer dans leurs occupations ordinaires, toutes se mirent à l'œuvre avec une soumission et un courage qui furent récompensés par un plein succès. Peu après, plusieurs autres se présentèrent devant les commissions et obtinrent le même heureux résultat. On fut alors en mesure de répondre, au besoin, à toutes les exigences universitaires.

Dans le cours de cette même année, la

santé de Mgr de Simony ne lui permettant
plus de satisfaire aux labeurs du ministère
épiscopal, le saint évêque demanda un coad-
juteur. Le roi, qui l'avait en grande estime,
ne s'empressa pas d'acquiescer à sa demande.
Alors le digne Prélat lui envoya sa démission, en lui proposant son Vicaire général,
l'abbé de Garsignies, pour son successeur.
Cette fois, sa double requête fut agréée et,
par ordonnance royale du 18 novembre 1847,
M. de Garsignies fut nommé évêque de Soissons et Laon. Cette nouvelle parvint aussitôt
à la Révérende Mère par voie ministérielle,
de la part d'une personne qui pensait lui
faire plaisir. Elle ne se trompait pas : rien
ne pouvait être plus agréable à la Mère Henriette que de savoir définitivement acquis au
diocèse un prêtre aussi distingué par ses
vertus que par sa naissance; de vénérer en
son Supérieur un pontife dont elle connaissait le zèle, le dévouement, sachant bien
aussi le haut intérêt qu'il porterait toujours à

la Croix. Après avoir rendu à Dieu de ferventes actions de grâces, elle fit part de cette heureuse nouvelle à quelques-unes de ses filles, en leur recommandant le secret jusqu'au moment où la nomination serait officielle.

Plus que jamais, elle s'occupait activement de tout ce qui pourrait contribuer au bien général de sa chère société et aux progrès spirituels de chacun de ses membres. Son cœur était ouvert à toutes; son indulgente bonté, sa maternelle tendresse ne se démentaient point. Jamais elle ne froissait personne ni ne négligeait l'occasion de faire plaisir. Néanmoins sa bonté parfaite ne nuisait en rien à la fermeté qu'elle savait déployer au besoin; mais on sentait qu'une réprimande un peu sévère lui coûtait plus qu'à celle qui s'était exposée à la recevoir. A toute heure on avait accès auprès d'elle; on pouvait lui confier ses peines, mais elle avait toujours soin que la charité fût sauvegardée. Croyait-

on devoir se plaindre, avoir été froissée :
« Prenez garde, ma fille, disait-elle, l'amour-
propre peut bien ici trouver son compte. »
Puis, elle faisait comprendre l'utilité des
petites souffrances du cœur, le mérite de la
patience, du support, de l'oubli de soi, de
l'abnégation, et l'on ne se retirait qu'avec la
paix du cœur.

De graves événements se préparaient :
dès les premières heures du 24 février 1848,
toutes les cloches de la ville furent mises
en branle, même celles de la Collégiale.
On ne s'en préoccupa guère, pensant que
l'on s'unissait aux solennités de Soissons,
Mgr de Garsignies ayant été préconisé dans
le consistoire du 17 février et devant être
sacré le 24. Mais le son du tocsin fit pressentir bien autre chose et l'on apprit
soudain que la République était proclamée !

Pendant ce temps-là, dans la ville de
Soissons, la cathédrale offrait un touchant

spectacle : le vénérable Mgr de Simony, à qui le cardinal Gousset avait cédé ses droits, sacrait son digne successeur. Bientôt la nouvelle de la Révolution se répandit dans la pieuse enceinte et parvint jusqu'aux oreilles des prélats. Le calme et la ferveur du nouvel élu n'en furent point troublés. Au sortir de sa cathédrale, apprenant tout ce qui s'était passé : « Ceci, dit-il, semble me présager un épiscopat laborieux; aurai-je le bonheur de mourir martyr? » Qu'était ce cri de l'âme? un pressentiment, une inspiration?... Il est d'autres martyres que celui du sang; le saint évêque les connut : fatigues du zèle, souffrances du cœur, douleurs physiques, tout se réunit pour en faire un vrai disciple de la Croix de son Sauveur!

Dans de si tristes conjonctures, la Révérende Mère Henriette ne perdit rien de son calme, de son entière confiance en Dieu. Comme toujours, dans ses moments de peines et d'angoisses, elle eut recours au Tabernacle; puis elle prit, avec les Mères du Conseil, les mesures les plus urgentes, les précautions les plus sages, et s'abandonna à la divine Providence. « Tenons-nous bien entre les mains de Dieu, dit-elle à ses filles; veillons et prions! » Son espérance ne fut pas trompée; les nombreux et influents amis de la Mère Supérieure lui vinrent en aide et l'on fut quitte pour certaines menaces sans effet et pour quelques visites des autorités du jour. Le tact, la dignité, la convenance avec lesquels la Révérende Mère les recevait, lui gagnaient ceux mêmes qui auraient pu lui être hostiles; ils ne savaient lui témoigner que respect et égards, subjugués qu'ils étaient par sa vertu et son aménité. C'est ainsi que les deux crises sociales de février et de juin ne laissèrent aucune trace fâcheuse dans l'intérieur du couvent.

Au mois de juillet, Mgr de Garsignies put

faire sa première visite épiscopale à Saint-Quentin, il y fut acclamé avec un indicible enthousiasme; à la Croix, on s'en réjouissait. Le bon Pasteur n'oublia pas son petit troupeau : le nouvel évêque combla les vœux des Mères et des enfants en leur consacrant toute la journée du 14 juillet. C'était une délicatesse de son noble cœur, le plus beau bouquet qu'il pût offrir à la Révérende Mère qu'on devait fêter le lendemain. Aussi rien ne peut rendre la joie, la gratitude qui surabondaient en la Mère Supérieure. Dieu fortifiait son âme pour la préparer à subir l'une des plus grandes épreuves qui pût atteindre son cœur si sensible et si religieux! Au mois d'août suivant, sa nièce chérie, qu'elle avait vue avec tant de bonheur entrer au Noviciat dix ans auparavant, quittait l'asile sacré qui l'avait reçue! Victime du fléau des amitiés particulières, elle avait résisté aux remontrances les plus sages, aux exhortations les plus touchantes,

12.

et s'était aveuglée au point de forfaire aux saints engagements qu'elle avait contractés avec son céleste Époux! Dire la douleur de sa respectable tante en pareille occurrence est chose impossible! Elle ne put que tomber évanouie et fondre en sanglots, après avoir entendu se refermer la porte du couvent sur la malheureuse parjure! Toutes les religieuses partagèrent la profonde affliction de leur Mère bien-aimée, et s'efforcèrent de redoubler d'obéissance et d'esprit religieux pour la consoler de cette désertion qui n'avait point de précédents! Frappée au cœur, la pauvre Mère renferma en elle-même cette cruelle blessure, sans jamais oublier celle qui la lui avait faite. Souvent elle la recommandait aux prières des personnes sur l'intérêt desquelles elle pouvait compter. Elle eut du moins la consolation de savoir que sa conduite dans le monde était irré- prochable, auprès des jeunes filles dont elle s'était chargée de faire l'éducation. Mais elle ne sut qu'au ciel sa mort édifiante, arrivée en 1861, sans qu'elle ait pu réaliser le désir qu'elle nourrissait de rentrer à la Croix!

CHAPITRE XIII

Peu de temps après sa visite épiscopale à Saint-Quentin, Mgr de Garsignies fit choix de M. l'abbé Guyart, pour l'attacher à sa personne en qualité de secrétaire de l'évêché, avec le titre de Chanoine titulaire et, un peu plus tard, de Vicaire général. Tout le monde applaudit à ces nominations, mais tous aussi, à Saint-Quentin, regrettèrent le départ d'un ecclésiastique dont on avait su apprécier le zèle, la science, les rares vertus, rehaussées par une profonde humilité. Nulle part le vide ne se fit sentir comme à la Croix. Combien de marques d'intérêt et quel dévouement sans bornes M. Guyart ne lui avait-il pas prodigués! La Révérende Mère surtout dut faire un immense sacrifice! Elle s'était habituée à le consulter en tout, à lui confier ses peines, ses pensées les plus intimes. Mais alors comme toujours, elle répéta sa devise habituelle : *La volonté de Dieu avant tout.*

Le 1ᵉʳ janvier 1849, le vénérable Mᵍʳ de Simony fit, au grand séminaire, une chute qui devait avoir les plus tristes suites. Il succombait à ses souffrances le 24 février suivant, anniversaire jour pour jour du sacre de son digne successeur! Le deuil fut universel dans le diocèse. En apprenant cette mort, la Révérende Mère ne put retenir ses larmes. « Mes sœurs, dit-elle, nous avons un protecteur de moins sur la terre, un intercesseur de plus au Ciel! Hâtons-nous d'unir nos prières à toutes celles qui sont offertes pour ce saint évêque. Jamais je n'oublierai cette expression de bonté et de douceur avec laquelle il nous a reçues; son paternel intérêt ne s'est jamais démenti un seul jour; il a mille droits à notre reconnaissance. Prions donc et de tout notre cœur! »

Une consolation devait être offerte à la Communauté par Celui-là même qui lui avait imposé un grand sacrifice : dès le mois d'août, Monseigneur prévint la Révérende Mère que tout en se constituant toujours le père de ses chères filles, il leur donnait pour Supérieur le digne M. Guyart... On peut facilement deviner la joie et la reconnaissance de la société de la Croix et de sa vénérée Supérieure à l'annonce de cette bonne nouvelle! On savait tout ce qu'on pouvait attendre du dévouement, de la haute sagesse du nouveau Supérieur. L'intérêt paternel qu'il avait voué à l'œuvre de la Croix devait aller toujours croissant pendant près de quarante années encore!

En ce monde les peines succèdent vite aux joies! Il y avait six mois environ que le pieux aumônier, M. Hamelet, souffrait d'un squirre; le mal faisait de rapides progrès. Il fit un courageux effort pour voir une dernière fois la Communauté; l'altération de ses traits, sa faiblesse extrême dirent assez haut la proximité de sa fin. Tout le monde en était ému; il en fut touché et dit : « Priez beaucoup pour moi... Je ne désire plus que le Ciel!... Je vous bénis de tout mon cœur; jamais je ne vous oublierai! » Trois jours après, 29 septembre 1849, le saint prêtre entrait dans son éternité. Pendant ses dernières heures, on recueillit de sa bouche mourante ses prières pour la Communauté : « Ces pauvres dames sont bien privées de secours!... Mon bon Maître, dédommagez-les vous-même... Mettez dans leur cœur le zèle, la charité, l'amour du bien... Donnez-leur à toutes un cœur comme celui de saint Vincent de Paul... Je vous offre mes souffrances pour elles... Oh! donnez-leur de plus en plus l'amour du bien! »

Le 2 octobre, à 9 heures du soir, la Révérende Mère, qui s'y était fait autoriser, alla, suivie de toute la Communauté, un cierge à la main, recevoir, à la porte donnant sur le boulevard, la dépouille mortelle du digne aumônier; elle fut déposée dans la chapelle, y demeura jusqu'au lendemain où, après le saint Sacrifice, elle fut transportée à la Collégiale.

Grand nombre de personnes de la ville tinrent à honneur d'assister aux funérailles de ce bon prêtre dont la courte carrière avait été enrichie de toutes les vertus qui font la gloire du sacerdoce.

Aux premiers jours d'octobre 1849, sans avoir annoncé sa visite, Mgr de Garsignies arrivait à la Croix. Dès qu'il aperçut la Révérende Mère : « Ma chère Fille, lui dit-il, vous ne m'attendiez pas, et vous ne pouvez deviner le motif de ma visite : il s'agit d'une fondation dans notre ville épiscopale. Déjà nous nous en sommes occupé sans que les choses aient pu se conclure.

« Maintenant que les religieuses de l'Enfant Jésus ont renoncé à leur pensionnat, je viens vous demander si vous voulez venir à Soissons ? » Un peu surprise par cette proposition inattendue : « Monseigneur, dit la Révérende Mère, permettez-moi de demander l'avis de nos Mères du Conseil. La Mère Pauline est dangereusement malade, la santé de plusieurs autres me donne des inquié-

tudes; dans cet état de choses, une fondation
me paraît difficile...

— Tout est possible avec l'aide de Dieu,
repartit Monseigneur; je comprends et partage vos épreuves; c'est le moment de vous
abandonner plus que jamais entre les mains
du bon Maître. Je crois qu'il est de sa volonté sainte que vous acceptiez l'offre que
je vous fais. »

A ces mots, la Révérende Mère ne connut
pas de réplique. Le Conseil fut réuni et,
après une mûre et longue délibération, il
fut convenu que la Révérende Mère Henriette, accompagnée de l'Économe générale,
se rendrait le plus tôt possible à Soissons.
Monseigneur, satisfait, partit le soir même.

La sage Mère Henriette prévit bien qu'il
s'agissait d'une affaire délicate, mais elle ne
pouvait et ne voulait rien refuser à son digne
Évêque à qui elle devait tout. Sans communiquer sa pensée à personne, elle se recommanda à Dieu, aux prières de la Com-

munauté, et partit le lendemain. Il y eut, en effet, bien des difficultés à surmonter et de grands sacrifices à faire ; tout s'arrangea pour le mieux et, peu de jours après, la Révérende Mère écrivit à l'Assistante générale, pour lui dire d'informer les conseillères de ce qui venait de se passer et de la décision prise avec la haute approbation de Monseigneur. En même temps, elle faisait appel au dévouement, à la générosité, à la parfaite soumission de ses filles. Lorsque la Communauté apprit qu'une fondation dans la ville épiscopale était arrêtée, ce fut un cri de joie unanime. Cet élan fut bientôt tempéré à la pensée de quitter, pour la première fois, la Maison Mère, berceau chéri de la vie religieuse de chacune, la digne et vénérée Supérieure près de laquelle on s'était si bien habituée à vivre ! Néanmoins toutes les volontés s'inclinèrent généreusement devant celles de Dieu et de ses représentants sur la terre. La Mère Got, désignée comme Supérieure locale, et la Mère Damay, comme Assistante, partirent le 10 octobre avec la sœur Marie-Émilie, religieuse coadjutrice. Arrivées à huit heures du soir, elles reçurent le plus paternel accueil chez le digne et dévoué M. Guyart où se trouvaient réunis pour les attendre, non seulement leur Mère bien-aimée avec l'Économe générale, mais aussi M. le chanoine Lefin qui avait si bien reçu les Mères du Dauphiné, lors de leur arrivée dans le Nord. On s'achemina ensuite vers la maison qui allait porter le nom de couvent de la Croix. A peine y trouva-t-on le plus strict nécessaire, mais on se réjouit d'asseoir la nouvelle fondation sur les bases solides de la sainte Pauvreté. Le lendemain, toutes se rendirent à la chapelle du grand séminaire pour y entendre la sainte Messe. Elle y fut célébrée par Son Éminence le cardinal Gousset, archevêque de Reims, présent à Soissons avec les évêques de Châlons et d'Amiens, pour la réunion du Concile provincial. Vers la fin de leur action de grâces qu'elles ne pouvaient se résoudre à terminer, les religieuses furent averties que Mgr de Garsignies les attendait au parloir. Sa Grandeur commença par les bénir, puis leur dit toute sa joie de pouvoir doublement les nommer ses Filles. Ensuite s'adressant directement à la Mère Henriette : « La Providence seule vous a conduites ici ; les hommes ne vous y voulaient pas... Moi-même, je l'avoue, en présence des nombreux obstacles qui surgissaient de toutes parts, j'ai dû faire des démarches pour qu'une Communauté, autre que la vôtre, vînt se fixer à Soissons ; rien n'a réussi. C'est Dieu qui a dirigé les événements ; c'est Lui seul qui veut implanter la Croix dans notre ville épiscopale. Donc, confiance ! Il vous bénira et fera fructifier une œuvre qui est sienne, puisque les hommes n'y ont point de part. »

Peu de jours après, quelques religieuses de Saint-Quentin vinrent s'adjoindre aux pre-

mières. Mgr de Garsignies, après avoir féli-
cité la nouvelle Supérieure de l'accroissement de sa petite famille, conseilla de transformer en chapelle une vaste pièce donnant
sur la rue et parfaitement isolée de l'intérieur de la maison; puis Sa Grandeur accorda dispense de la clôture jusqu'à ce que
toutes les appropriations nécessaires fussent
faites. Ce fut un grand sacrifice pour la Révérende Mère de sortir de sa chère solitude ;
mais elle ne put se dispenser de faire visite
aux principales autorités ecclésiastiques et
civiles. Partout elle se présentait avec cette
attitude digne, modeste et gracieuse qui pré-
venait tout de suite en sa faveur; aussi partout elle reçut le plus bienveillant accueil.
Ce devoir rempli, on ne sortit plus que pour
l'assistance au saint Sacrifice et l'on se remit
tout de suite à l'observance de la Règle.

Aussitôt la clôture du Concile, Mgr de
Prilly voulut visiter la nouvelle Communauté. Il fut frappé du dévouement qui ré-

gnait partout et félicita la Révérende Mère Henriette. « Tout ce que je vois, dit-il, me fait pressentir qu'une main divine vous a guidées, vous dirige encore et fera fructifier l'œuvre, bien petite à son début, mais assise sur de solides fondements : à elle les richesses du Ciel et les plus abondantes bénédictions!... Oui, vous réussirez; je vous le prédis sans être prophète. Que Dieu vous bénisse et vous donne succès et accroissement!... Je suis heureux de penser que vous avez pour protecteur et pour Père un évêque si pieux et si bon! Si mes faibles prières peuvent contribuer à la prospérité de votre Œuvre, j'aime à vous les assurer à toujours. »

De si hauts témoignages de sympathie encourageaient grandement les nouvelles fondatrices et leur vénérée Supérieure. La Révérende Mère en éprouvait une réelle et bien douce consolation; mais plus de la moitié de son cœur était restée auprès de ses chères filles de Saint-Quentin. Il est temps de profiter de cette circonstance d'une première séparation, pour faire connaître un peu, par quelques-unes de ses lettres, cette grande âme, ce cœur vraiment maternel :

« Je vous remercie, ma bonne Mère, de votre exactitude à me donner toutes les nouvelles qui sont pour moi d'un si grand intérêt; elles me font du bien. Je vois avec consolation les heureux fruits de la retraite; vous avez été généreuse envers Dieu, il se montre libéral à votre égard dans les épreuves auxquelles vous êtes soumise; il vous donne courage, lumières, confiance, abandon à sa sainte volonté! Dieu vous veut toute à Lui, toute pour Lui : vous l'avez compris, aussi vous allez marcher à grands pas dans la voie de la perfection. Votre exemple fera du bien à vos Sœurs et à nos chères enfants ; il me tarde de revoir les unes et les autres. Le bulletin des santés me fait beaucoup de peine. Vous m'aviez caché l'indisposition

13.

assez sérieuse de ma Sœur X... Je vous remercie toutes de votre bonne intention, mais de grâce, à l'avenir, ne me laissez rien ignorer !

« Je souffre, plus que je ne puis le dire, de vous savoir toutes si surchargées ! Que le divin Maître soutienne les forces de chacune et nous envoie des aides de son choix ! J'ai pleine confiance en son puissant secours si toujours l'humilité, la charité, le bon esprit et toutes les vertus religieuses brillent en chacune de vous. Visitez pour moi mes bien chères malades ; je suis près d'elles, d'esprit et de cœur. Dans mon impuissance de leur apporter du soulagement, je parle de chacune d'elles à N.-S. Je prie la Mère de toutes douleurs de jeter un regard de compassion sur ma petite famille qui veut la suivre pas à pas sur la route royale de la sainte Croix. »

A une autre :

« Ma chère Mère, vos lettres m'arrivent à

propos; mon cœur en a besoin. Vous avez été frappée, ma bonne enfant, à l'endroit le plus sensible; votre cœur a été percé par celui du très bon et très adorable Jésus. Il veut le vôtre et il y veut régner seul; est-il besoin de vous dire que Lui seul aussi peut vous donner la paix, la prudence religieuse, le courage dont vous avez besoin dans ces circonstances exceptionnelles. J'en demande une forte provision pour vous au Cœur de Jésus; plus que jamais, il vous est nécessaire de puiser abondamment à cette source d'amour... Oh! que je comprends votre position! Vous pouvez faire beaucoup de bien à la Communauté par votre bon esprit et aux enfants par votre zèle. Allez vous offrir à la bonne Mère N... pour tout ce qu'elle voudra bien vous confier; vous lui ferez plaisir et à moi aussi. Soyez d'une grande prudence auprès des enfants; que vos classes soient toujours parfaitement préparées; tenez à l'observation du silence. S'il vous reste quelques instants, consacrez-les à la bonne Mère P...; remettez-lui les lignes que je lui écris, si vous croyez qu'elle puisse les lire sans trop d'émotion, La croix du bon Maître est dans mon cœur dans toute sa longueur; qu'il en soit mille fois béni! Je vous sais toutes peinées et surchargées; je vois ma bonne Mère Pauline en proie à des souffrances aiguës! Embrassez-la pour moi, ainsi que la sainte Mère Dubois. Oh! que la pensée de les perdre me fait mal!

« Adieu, chère et bonne Mère; je demande à N.-S. pour vous charité, bon esprit, abandon et confiance. Puissent ces vertus se trouver dans chacune de mes Filles pour aider à l'Œuvre de Dieu!

« C'est dans le cœur de ce divin Maître que j'aime à vous demeurer unie. »

Peu de jours après, elle écrivait à une maîtresse de classe :

« Vous m'avez fait grand plaisir, ma bonne Mère, en m'entretenant de nos chères enfants ; il m'est agréable d'entendre parler de cette petite famille. Je recommande souvent toutes et chacune aux bons Anges, à leurs saints patrons. De votre côté, priez pour elles ; reprenez-les toujours avec charité ; soyez douce et patiente ; vous savez qu'on ne prend pas les mouches avec du vinaigre... Quant à celles qui vous donnent des marques de confiance, tâchez de puiser dans le cœur de Jésus ce que vous avez à leur dire. Évitez les longs discours, c'est une perte de temps. Portez les cœurs vers Dieu sans rien garder pour vous ; surtout grande pureté d'intention : qu'il n'y ait jamais rien d'humain dans les rapports que vous avez avec ces chères enfants. Soyez d'une grande prudence avec celles qui vous recherchent et, sans les éloigner jamais, portez-les doucement vers la Maîtresse générale ; elle a grâces et lumières pour les diriger.

« Adieu, ma bonne enfant, ma pensée va vous trouver chaque jour. »

Quelle bonté! quelle sollicitude pour toutes, quel parfum de sages et maternels avis,
quelle douce et solide piété respirent ces lettres! Aussi étaient-elles reçues comme une
bénédiction du Ciel, et conservées, même par
les personnes du monde, comme de précieux
gages de sainteté et d'affection.

Monseigneur, tout occupé de sa chère
fondation soissonnaise, consacrait à la Révérende Mère les moments qu'il avait de libres. Il fut très satisfait de voir avancer
promptement les travaux de la petite chapelle, et touché d'y retrouver la grille de fer
qui avait servi au premier sanctuaire de
l'ancienne Maison de la Croix, à Saint-Quentin. Cela lui rappelait de doux souvenirs!

Il en coûtait beaucoup à la Révérende
Mère, comme à ses filles, de sortir chaque
matin de leur chère solitude; mais c'eût été
pour toutes un plus grand sacrifice encore,
d'être si longtemps privées de la sainte
Messe et de la divine Eucharistie; aussi dé-

siraient-elles ardemment voir arriver le jour
où elles pourraient offrir à l'Hôte divin une
modeste hospitalité sous leur propre toit.
Ce jour heureux brilla enfin! Monseigneur,
obligé de s'absenter, autorisa son Vicaire
général, M. Guyart, à le suppléer.

La bénédiction de la petite chapelle eut
lieu le 28 octobre, au milieu de l'attendris-
sement et des actions de grâces de tous les
cœurs présents à cette touchante cérémonie.
M. le Vicaire général prit pour texte de son
discours ces simples mots : *Enfin nous avons
un autel*! Puis commentant la parabole du
grain de sénevé, il fit des vœux pour que la
semence, tombée en ces jours bénis, devînt
un grand arbre sur les branches duquel s'a-
briteraient de nombreux oiseaux.

Le ciel a entendu et exaucé ce souhait,
sorti du cœur si dévoué du vénérable Supérieur. La Maison de Soissons est l'une des
plus prospères de la société de la Croix.

La Révérende Mère, voyant toutes choses

en bonne voie, songeait à reprendre au plus
tôt la route de Saint-Quentin. Les nouvelles
de la santé de sa chère Mère Pauline étaient
loin de la rassurer, lorsque soudain arriva
une lettre plus alarmante que les autres. La
position s'aggravait et la malade demandait
avec instances sa Supérieure chérie et vénérée. Aussitôt la Révérende Mère réunit ses
filles : « Mes chères Sœurs, leur dit-elle, priez
Dieu de m'accorder la grâce d'arriver encore
à temps ! Ce serait une grande consolation,
pour Mère Pauline et pour moi, de nous
revoir !... Je vous recommande instamment
l'union, le support, la plus grande prudence.
Que tout en vous soit édifiant; que l'on remarque en chacune une charité douce et cordiale, une humilité profonde, la plus parfaite
abnégation. Soyez fidèles dans les petites
choses; rien n'est petit du reste au service
du Seigneur. Je n'ai pas besoin de vous recommander la plus filiale, la plus respectueuse soumission envers votre nouvelle

Supérieure ; elle tient auprès de vous la place de Dieu : c'est tout dire! Courage et résignation! Vous savez combien il m'en coûte de vous quitter... Adieu ! priez pour les voyageuses ! »

Des larmes abondantes coulaient de tous les yeux; le départ, la séparation d'une telle Mère se faisaient fortement sentir!

Arrivée à Saint-Quentin un peu plus tôt qu'elle n'y était attendue, la Révérende Mère Henriette n'avait vu personne venir au-devant d'elle. Passée par le boulevard pour gagner du temps, elle se hâta de voler à l'infirmerie : le lit de la bonne Mère Pauline était vide ! Devinant tout, la Révérende Mère court à la sacristie, elle y entend quelques paroles de l'éloge funèbre de la défunte, par M. l'Archiprêtre! Cette fois, ne pouvant plus se dominer, elle jette un cri douloureux qui révèle sa présence ! On s'empresse autour d'elle, on lui prodigue des soins, mais comment consoler ce cœur de Mère si profondément affligé!

Toute la vie de la bonne Mère Pauline Regnaud avait été intimement liée à celle de sa digne Supérieure. Sa compagne dévouée à Vienne, à Valence, à Roussillon, elle l'avait suivie à Saint-Quentin où elle était devenue sa secrétaire intime, son bras droit, nous allions dire son soutien! Dieu voulut épurer l'affection de ces deux âmes, en les privant l'une et l'autre de la consolation de se revoir au moment de la suprême séparation! Ainsi traite-t-il ses privilégiées.

Outre les liens étroits qui unissaient la Mère Pauline à la Révérende Mère, celle-ci aimait surtout, dans sa chère Assistante, l'esprit religieux, l'attachement profond à la Congrégation, le zèle du salut des âmes qui la caractérisaient. C'est à cette bonne et sainte religieuse que sont dues les réunions de chaque dimanche et la Congrégation des Enfants de Marie, qui assurent la persévérance des jeunes filles de la classe ouvrière. Que n'a-t-elle pas fait pour rendre profitable à leurs âmes cette Œuvre que sa gaîté, son entrain tout méridional, rendaient si intéressante ! Aussi les larmes qui arrosèrent sa tombe, son souvenir, vivant encore dans le cœur des plus anciennes, après quarante-cinq ans écoulés, disent bien haut l'estime, l'affection qu'elle s'était justement acquises.

La blessure que sa perte avait causée au cœur de la Révérende Mère ne se cicatrisa qu'à l'aide de la soumission à la volonté divine. Elle en parlait peu à la Communauté pour ne pas contrister trop ses chères filles, mais pas une de ses lettres aux différents ecclésiastiques qu'elle connaissait où elle ne leur demandât de pieux suffrages en faveur de la chère défunte.

CHAPITRE XIV

A peine remise de la terrible secousse qu'elle venait d'éprouver, la Révérende Mère Henriette voulut témoigner à ses filles de Soissons combien elles lui étaient toujours présentes.

« Il me tarde de vous remercier, ma bonne et bien chère Fille, écrivit-elle à leur digne Supérieure, de la part que vous avez prise à la profonde douleur que j'ai ressentie à mon retour. Mon sacrifice était fait, vous le savez ; mais j'avais conservé l'espoir de dire un dernier adieu à cette bonne Mère Pauline qui m'avait tant de fois désirée et demandée ! J'ai bien regretté de n'être pas partie quelques jours plus tôt ; mon âme aurait recueilli de si bonnes choses près de cette amie vraie et sincère ! Elle s'est montrée, m'a-t-on dit, toujours calme, pleine de confiance en Dieu et parfaite religieuse. Quel profit pour moi, si j'avais été témoin de cette belle et précieuse mort !... Mais que dis-je, ma bonne amie, n'ai-je pas trouvé la croix du divin Maître et, avec elle, bien plus que tout ce que je regrette ?... J'accepte donc cette précieuse croix et me livre toute à elle, pour la consolation ou l'épreuve ; je ne demande qu'une chose, c'est d'en connaître tout le prix... Priez beaucoup pour cette bonne et tant aimée Mère. Priez aussi pour Mgr de Valence qui est gravement malade. N'oubliez pas celle dont la tendresse vous est bien connue. »

A la fin de janvier, le vénérable M. Guyart vint présider à l'élection qui devait donner une nouvelle Assistante à la Révérende Mère. La Mère Macé fut nommée ; les autres conseillères gardèrent leur charge. Ce fut un moment de consolation pour la Mère Supérieure comme pour toute la Communauté, que cette visite du bon M. Guyart. Si le passé la demandait, l'avenir aurait pu la réclamer ; il réservait encore bien des épreuves pour cette année 1850 !

L'une des plus anciennes de la Congrégation, la sainte Mère Séraphine Dubois, comme on se plaisait à l'appeler, languissait depuis quelque temps sur son lit de souffrances et son affaiblissement général donnait de vives inquiétudes. Les facultés mentales s'éteignaient de plus en plus. La Révérende Mère, si peinée de voir encore disparaître l'une de ses chères anciennes, pensa avec raison qu'il était temps de lui faire recevoir les derniers secours de la religion.

La malade sembla recouvrer un peu de lucidité pour ce moment solennel. Sa mort le suivit de près, le 26 février.

Cette sainte religieuse a laissé dans la société de la Croix comme dans la ville, le parfum des plus solides vertus. Son extrême charité, son humilité profonde, le respect si grand qu'elle manifestait pour les choses de Dieu, frappaient tout le monde. Née à une époque de troubles, elle en avait conservé un sérieux, une austérité qui n'avaient rien de désagréable. Si jamais on ne l'entendit rire, jamais non plus on ne la vit de mauvaise humeur. Portée aux scrupules, vivant presque toujours avec la pensée des jugements de Dieu, elle se croyait la plus insigne pécheresse et tout en elle manifestait ces bas sentiments qu'elle avait d'elle-même. Ayant entendu dire un jour que le Révérend Père Sellier, alors présent dans la Maison, avait un talent merveilleux pour convertir les grands pécheurs, elle se hâta de préparer une longue confession générale qu'elle voulut lui faire. Mais aussitôt les premières accusations, il lui fut enjoint d'en rester là et de se tenir fort tranquille pour le reste... Grand fut son désappointement! « Je me suis bien trompée ! dit-elle à sa Supérieure. Ce saint Père Sellier n'est bon que pour les justes! » Elle ne se doutait pas que tout le monde avait en vénération la *sainte Mère Dubois*. Nul ne la désignait autrement.

« Encore une mort! s'écria la Révérende Mère en en faisant part au Père Sellier. Le divin Maître continue de nous éprouver. Sans doute Il veut nous rappeler, par de si fréquents avertissements, que la vie présente n'est pas le lieu de notre repos et qu'il ne faut y fonder aucune espérance. Bientôt peut-être sonnera aussi ma dernière heure; puissé-je y être préparée comme notre pieuse Mère Dubois! Veuillez, mon Révérend Père, prier avec nous pour cette chère âme, pour la Communauté et surtout pour celle dont la misère vous est connue... »

Deux mois plus tard, il lui fallut encore conduire une de ses filles à sa dernière demeure! Cette fois, c'était une sœur coadjutrice qui avait à peine atteint sa trentième année. Toujours on l'avait vue gracieuse, douce, complaisante, d'une soumission parfaite. Entrée au Noviciat en 1843, sœur Mélanie Décaudin, native d'Hargicourt, fut une de ces religieuses qui ne connaissent pas de halte dans le chemin de la perfection et ne se lassent pas d'avancer toujours.

Peu après sa profession, en 1847, elle fut atteinte d'une attaque d'apoplexie dont elle s'inquiéta fort peu. Mais un incident survenu quelque temps plus tard, acheva de ruiner sa santé déjà si gravement compromise; une de ses nièces, jeune fille de seize ans, vivait auprès d'elle pour se former à la vertu et aux travaux du ménage; en vingt-quatre heures, elle fut enlevée par une péritonite aiguë! Sœur Mélanie, atterrée, en conserva une extrême frayeur de la mort et des jugements de Dieu. Le céleste Époux voulait épurer cette âme; l'épreuve ne fut pas de longue durée; elle recouvra bientôt une entière confiance en Dieu, ne montra plus qu'un parfait abandon et un désir ardent d'être réunie au plus tôt à Celui qu'elle aimait. Une seconde attaque lui avait laissé un engourdissement général, une sorte de paralysie dans les membres; il lui fallut s'aliter. L'une des premières nuits qui suivirent, fut une nuit d'extase et de bonheur : elle vit Jésus et sa sainte Mère qui l'invitaient à quitter la vallée des larmes pour les joies du Ciel! Le lendemain, lorsqu'on vint s'informer comment elle avait passé la nuit : « Oh! en bonne compagnie! répondit-elle. Bientôt je ne serai plus de ce monde, bientôt j'irai voir le bien-aimé de mon âme!... » Et elle confia à l'une de ses Mères ce qu'elle avait vu!... Peu après, une troisième attaque réalisa ses désirs, en lui laissant prendre son essor vers la Patrie. Selon le vœu de ses parents, sa dépouille mortelle fut conduite à Hargicourt où ses funérailles se firent avec une grande pompe. Dieu voulait ainsi glorifier ses douces et sublimes vertus.

Assurément, c'était une immense consolation pour la Révérende Mère Henriette de voir mourir ses filles comme des saintes, mais quels brisements pour son cœur maternel que des séparations si fréquentes et si soudaines! Aussi sa santé s'en ressentit-elle et ce ne fut qu'au mois de juin qu'elle put songer à répondre aux désirs de ses religieuses de Soissons, qui demandaient instamment une visite de leur Mère bien-aimée. Elle éprouva un grand bonheur à enrichir leur chapelle d'un petit chemin de Croix, à leur prodiguer à toutes ses meilleures paroles, ses attentions les plus délicates. Les élèves, qui formaient déjà un petit essaim, furent aussi l'objet de ses bontés. Si elle aimait particulièrement l'enfance dont la naïve simplicité la charmait, on peut dire aussi que l'enfance se sentait attirée vers elle. C'était toujours une joie, une faveur, une bonne fortune pour une élève de rencontrer la Révérende Mère, de recevoir d'elle une petite croix sur le front. On revenait plus courageuse, plus disposée à être fidèle au règlement.

Mgr de Garsignies, M. Guyart se plurent à s'entretenir avec elle des intérêts de la chère famille soissonnaise. Par un rare bonheur, la Révérende Mère se trouvait encore auprès d'elle le 15 juillet. Ce furent des transports de joie, d'affection qui éclatèrent en ce jour béni de sa fête. La Communauté et les enfants ne faisaient qu'un cœur pour acclamer et vénérer la digne Mère. Doucement émue, elle répondit à tout avec une tendresse, une affabilité charmante. Mais veut-on connaître les sentiments intimes de son âme au milieu de ces hommages, qu'on lise les lignes qu'elle écrivait à son retour :

« Vous m'avez donné l'occasion de m'humilier profondément! C'est Dieu seul qui mérite honneur et louange; pourquoi vous occuper autant d'une pauvre et misérable créature? Je voudrais être tout ce que vous me croyez et faire tout le bien que vous m'attribuez gratuitement. Je ne suis que misère et impuissance; pendant que vous me félicitez, le divin Maître me montre tout ce qui me manque; Lui seul voit le fond des cœurs et apprécie les personnes et les choses à leur juste valeur. Plaignez-moi d'être si peu capable de remplir la charge importante qui m'a été confiée! Aidez-moi toutes par vos prières, par votre fidélité, par un saint renoncement, afin que je ne sois pas l'économe infidèle des biens qui m'ont été mis entre les mains pour les faire valoir! Vous avez fait beaucoup trop pour fêter une si pauvre Mère. Monseigneur et le bon Père Supérieur paraissaient satisfaits; que Dieu, dans sa bonté, daigne bénir et pasteurs et troupeau! »

C'est ainsi que tout ce qui devait rehausser le mérite, les vertus de la Révérende Mère, excitait au plus haut point la basse opinion qu'elle avait d'elle-même. Ne sont-ce pas les sentiments des saints, des âmes humbles et intérieures?

Une autre lettre prouve avec quelle force et quelle suavité elle savait reprendre au besoin. Il nous semble qu'on goûtera ces citations où elle est peinte, beaucoup mieux par sa plume que par toute autre :

« J'ai reçu votre lettre hier soir, ma chère enfant, et je me hâte d'y répondre. Je vois que l'orage gronde... Le trouble, le malaise et beaucoup d'autres choses que je devine, me prouvent que vous avez donné accès dans votre cœur à l'ennemi de tout bien. Je suis triste de cette absence de calme et de paix! Dieu vous a beaucoup donné, ma chère enfant, pour avancer l'œuvre de votre perfection et travailler à sa gloire; loin de répondre à tant d'amour, vous arrêtez le cours de ses grâces sur vous et ses bénédictions sur les personnes auxquelles vous vous intéressez, parce que dans vos conseils bons et sages, le *moi* entre pour beaucoup. Dans le bien que nous faisons, nous ne devons avoir en vue que Dieu. Si nos avis sont goûtés, s'il en résulte quelque bien, c'est l'Esprit-Saint qui a agi dans les âmes, nous n'y sommes pour rien. Si, au contraire, ce que nous avons dit et fait est mal interprété, reconnaissons que nous ne sommes qu'un vil instrument. Le trouble ne vient jamais de Dieu, la tristesse encore moins. Élevez votre cœur vers Celui de qui tout bien procède; Lui seul donne la joie et la paix.

« Allons, ma chère enfant, relevez-vous courageusement; allez au Tabernacle : là,

se trouvent la force et la vie. Tenez fortement aux promesses que vous avez faites à
N.-S. Je le prie pour vous de toute mon
âme. Adieu, à Dieu seul! Il a bien droit
d'être jaloux de votre cœur; donnez-le-Lui
sans réserve et priez-le de ne vous le rendre
jamais! »

A une ancienne élève qu'elle avait particulièrement protégée et qui lui exprimait sa
gratitude, elle répondait :

« Sans voir votre signature, ma bien
chère enfant, je vous aurais devinée à
l'expression si naturelle et si vraie de votre
reconnaissance. C'est Dieu qu'il faut remercier, c'est Lui qui m'a inspiré le tendre
intérêt que je vous ai porté et que je vous
conserve. De votre côté, vous vous êtes
appliquée à mettre à profit nos leçons, nos
conseils; maintenant vous recueillez au
milieu du monde les fruits d'une éducation
chrétienne. Soyez, mon enfant, à la hauteur de votre tâche; souvenez-vous que vous

devez être pour Madame votre mère, non seulement une fille, mais une amie; soyez son plus précieux bien. Puisse le bonheur que nous vous désirons vous suivre dans toutes les positions de la vie! Que la vertu, la vraie et solide piété, la modestie soient vos compagnes assidues! Alors, quoi qu'il arrive, riche des dons spirituels, vous serez à l'abri de toute vicissitude; ces seuls vrais biens ont le pouvoir de rendre heureux, même dans l'épreuve, ceux qui les cherchent et les préfèrent à tout...

« Recevez, ma bien chère enfant, et faites agréer à Madame votre mère l'expression de mes meilleurs sentiments. »

L'année 1850 devait encore apporter à la vénérée Supérieure de nouveaux sacrifices à faire : le 18 septembre, la bonne sœur Marianne Rabel, native d'Origny, si dévouée, si infatigable à l'ouvrage, succombait aux suites d'un refroidissement qu'elle avait négligé. Cette âme ardente et généreuse allait droit à Dieu, avec une simplicité admirable. Pendant sa maladie surtout, elle paraissait avoir soif de mortifications, dans la pensée d'abréger son Purgatoire; aussi, loin de se plaindre des vives douleurs qu'elle éprouvait, elle s'en réjouissait : « J'ai demandé au bon Dieu de faire mon Purgatoire en ce monde, disait-elle avec toute la rondeur de son caractère, parce que je ne veux pas aller traîner là-bas bien longtemps sans voir le bon Jésus. »

Il est à remarquer que N.-S., par une insigne délicatesse envers sa digne représentante à la Croix, ne lui envoyait jamais une épreuve sans la faire suivre d'une consolation spirituelle. C'est ainsi qu'elle reçut, avec une joie et une reconnaissance indicibles, le bref qui attachait à perpétuité la grande indulgence de la Portioncule aux visites faites dans la chapelle de la Communauté le 1er et le 2 août de chaque année.

La dévotion si tendre et si persévérante de la Révérende Mère aux âmes du Purgatoire s'accrut encore, et elle chercha à la faire pénétrer plus que jamais dans le cœur de ses filles.

Pour la cinquième fois, en treize mois à peine, la mort vint demander une nouvelle victime à la Congrégation renaissante! Sœur Julienne Chouin, d'Hargicourt, n'avait pas atteint sa trente-septième année qu'une maladie cruelle, suite d'un effort, l'enleva en peu de temps. La bonne sœur souffrit avec un courage héroïque, préparé pendant toute sa vie par une longue suite d'actes généreux. Son esprit de sacrifice, d'obéissance, d'immolation était tel que plus d'une fois on avait dû renoncer à l'éprouver, ne sachant ce qui pouvait contrarier sa volonté ou froisser son amour-propre. C'est de cette âme si humble, si cachée aux yeux des hommes, mais si grande devant Dieu, que son respectable curé avait dit : « S'il n'y avait que

des Juliennes dans le monde, le sacrement
de Pénitence serait inutile. »

Tant de coups répétés affligeaient profondément le cœur maternel de la Révérende
Mère Henriette. Heureusement quelques sujets choisis étaient venus combler un peu
les vides.

CHAPITRE XV

Deux années à peine s'étaient écoulées depuis la fondation de Soissons que les religieuses, d'après les insinuations de Monseigneur et de M. Guyart, promirent à

leurs élèves que, si elles continuaient à
donner pleine satisfaction sous le rapport
de la conduite et du travail, elles iraient à
Saint-Quentin fêter Madame la Supérieure
générale!... Ce fut un cri de joie unanime,
une rivalité sans exemple de sagesse et
d'assiduité à l'étude! Qui aurait voulu, par
sa faute, se priver d'un tel bonheur? Pas une
qui ne fît les efforts les plus constants, les
plus généreux. Enfin le 15 juillet arriva!
Dès cinq heures du matin, munies du con-
sentement des parents tout joyeux eux-
mêmes, les heureuses élèves étaient en voiture avec leurs maîtresses. Quelle explosion
en les voyant arriver! La Révérende Mère
ouvrit son cœur et ses bras, les combla de
ces délicates attentions, de ces prévenances
qui ne naissent que dans le cœur des mères,
se sentent au plus intime de l'être, sans
parole humaine pour les exprimer. Religieuses, enfants, Saint-Quentinoises et Soissonnaises, ne faisaient qu'une famille; on

eût dit qu'on se connaissait de longue date.
C'était à qui se prodiguerait, s'ingénierait
pour procurer un agrément de plus aux
aimables voyageuses. Dans l'après-midi,
une délicieuse Pastorale fut jouée par les
élèves de Saint-Quentin. Tout le monde
était ravi de reconnaître, dans les charman-
tes allusions, des vœux, des fleurs, des
éloges offerts à la Reine du hameau, la
bien-aimée Bergère que l'on était si heureux de fêter en ce beau jour. La veille,
Monseigneur lui avait écrit :

« Ma Révérende Mère,

« Je vous envoie mon bouquet de la Saint-
Henri : c'est notre chère Maison de Soissons
presque entière! Vous serez agréablement
surprise, n'est-ce pas, et vous l'accueillerez
avec votre cœur. Je n'ajoute rien à ce bouquet, il vous dira toute mon affection ; vous
savez les vœux que je forme pour vous et

pour votre chère Communauté, je les offrirai demain au saint autel.

« Veuillez être, ma Révérende Mère et bien chère Fille, mon interprète auprès de toutes, Mères et enfants, et agréer l'assurance de mon bien affectueux souvenir.

« PAUL-ARMAND,
Évêque de Soissons. »

Mais tout s'évanouit promptement ici-bas, surtout le plaisir, la joie! Il fallut se quitter; on ne voulut pas prononcer le mot d'adieu; un au revoir était bien plus doux, plus consolant, et il renfermait l'espoir!...

Au mois de septembre suivant, la Révérende Mère Henriette, accompagnée de deux de ses Conseillères, se rendit à Soissons pour y visiter des terrains, des maisons, celle qu'on occupait étant devenue tout à fait insuffisante. Ces démarches étaient restées inutiles quand, un peu plus tard, on apprit qu'une belle et vaste maison appartenant à M. Didier, était à vendre.

Après l'avoir visitée, la Révérende Mère et l'Économe générale étaient sur le point d'en faire l'acquisition, lorsqu'on s'aperçut que sa proximité du Grand Séminaire était un obstacle réel et infranchissable. Le dévouement et le cœur ont des inspirations soudaines, précieuses, descendant du Ciel... Il y avait près de là une très vaste propriété qu'on appelait encore *les Capucins,* depuis que la Révolution en avait dépossédé les saints religieux. Proposer au Gouvernement l'échange de la maison Didier contre celle des Capucins, telle fut l'idée merveilleuse qui vint tout à coup à l'esprit de Monseigneur. Après s'être assuré de l'assentiment de M. Guyart, de l'adhésion de la Révérende Mère et de son Conseil, Sa Grandeur voulut bien faire les démarches nécessaires et tout put s'arranger de manière que le pensionnat fit son entrée dans la nouvelle maison au mois d'octobre 1851. Quelle joie de se trouver à l'aise dans une belle propriété, de pouvoir prendre ses ébats dans de spacieux jardins! La Révérende Mère repartit, bénissant la divine Providence d'avoir trouvé pour ses chères filles un asile si propre à un établissement religieux.

Quelque temps après son retour, la respectable Mère Henriette, succombant à ses émotions et à ses fatigues multipliées, fit une sérieuse maladie. Dès qu'elle commença à se remettre un peu, elle ne songea plus qu'à être déchargée d'un fardeau qui lui donnait de grandes inquiétudes de conscience. Elle écrivit à son digne Supérieur, M. Guyart, que son état habituel de souffrance ne lui permettant plus de suivre tous les exercices de la Communauté, elle craignait d'être un sujet de mauvaise édification et de relâchement; qu'il lui semblait que le moment était venu de donner à ses filles une Supérieure plus jeune et plus capable qu'elle de les gouverner; qu'en conséquence, elle le priait d'agréer et de faire agréer à Monseigneur la démission qu'elle lui envoyait.

M. le Supérieur lui répondit :

« Ma Révérende Mère,

« Pourquoi vous livrer à des inquiétudes qui aggravent vos souffrances ? Vous ne devez pas vous faire le moindre scrupule de vous laisser donner, par vos chères filles, les soulagements qui vous sont nécessaires. Profitez-en et ne craignez nullement de vous permettre ce que vous vous empresseriez d'accorder à la dernière de vos sœurs, si elle se trouvait dans la même nécessité. Le divin Maître envoie quelquefois ces petites épreuves aux Supérieures, afin que connaissant par leur propre expérience les besoins et les infirmités de notre pauvre nature, elles soient remplies d'une tendre et charitable compassion pour leurs inférieures, et puissent subvenir à toutes leurs nécessités.

« Quant à la grande mesure de votre

15.

démission, le temps n'est pas encore venu d'y penser. Ce n'est pas au moment du combat que le soldat peut légitimement songer à la retraite; votre chère Communauté a encore un trop pressant besoin de votre dévouement. Suivez donc, ma Révérende Mère, la voie de la divine Providence, abandonnez-vous à la conduite du bon Maître; Il vous couvrira de sa puissante protection et vous tiendra compte de tout ce que vous ferez pour sa gloire.

« Je vous prie d'agréer la nouvelle assurance du respectueux dévouement avec lequel je suis en N.-S.

« Votre très humble serviteur,

« V. Guyart,

Vicaire général. »

De son côté Monseigneur lui écrivait en réponse à la lettre qui lui apprenait sa convalescence :

« Ma Révérende Mère et bien chère Fille,

« Je vous remercie d'avoir bien voulu vous-même m'annoncer votre convalescence. Je le savais, mais votre bonne lettre m'en a donné une assurance plus consolante encore pour mon cœur.

« Je ne puis accepter votre démission, ma chère Fille; le bon Maître ne veut pas, j'en ai la conviction, que vous déposiez le fardeau. Vous lui serez beaucoup plus agréable en continuant de faire sa sainte volonté! Courage et confiance! vous avez des Assistantes, un Conseil; par suite, votre responsabilité est bien allégée. Abandonnez-vous donc au bon plaisir de la Providence et soyez assurée que l'œuvre d'En-Haut se perfectionnera par vous et après vous, Dieu aidant.

« Que la paix soit de plus en plus avec vous, ma chère Fille; qu'elle vous garde, suivant le vœu du grand apôtre, qu'elle surabonde en vous!

« Je vous bénis et je vous prie d'être l'interprète de mes paternels sentiments près de toutes, Mères et enfants.

« Agréez la nouvelle expression de mes hommages.

« Paul Armand,
Évêque de Soissons. »

Qu'on nous permette de citer encore ici la lettre qu'adressait à la Révérende Mère le bon Père Sellier, c'était la dernière qu'elle dût recevoir de lui !

« Ma bonne et Révérende Mère, la paix de N.-S. J.-C.

« Votre lettre commence par un triste préambule : vous me dites que vous avez été gravement malade et qu'à plusieurs reprises vous avez été sur le point de paraître devant Dieu. Cette nouvelle, qui ne m'arrive heureusement qu'après que le danger est passé, m'aurait extrêmement affligé si je l'eusse reçue quand vous étiez réduite à cette extrémité ; non que je sois fâché de vous voir partir

pour un monde meilleur quand l'heure en
sera venue, mais parce que je sens combien
vous êtes encore nécessaire à votre Communauté. Aussi mon vœu est que le Seigneur
vous conserve encore quelques années, jusqu'à ce que Dieu vous ait choisi un sujet
capable de diriger cette maison selon l'esprit de perfection requis par son divin
Cœur.

« Vous paraissez effrayée du calme dans
lequel vous vous êtes trouvée lorsque vous
étiez si près d'entrer dans votre éternité ; ne
vous reprochez pas, ma bonne Mère, cette
paix que vous avez ressentie ; c'est une grâce
que l'Esprit-Saint vous a faite : d'abord parce
que votre heure n'était pas encore venue ; en
second lieu, parce que votre vie, durant votre
séjour à Valence, et pendant une grande
partie du temps qui s'est écoulé depuis votre
séjour à Saint-Quentin, a été une vie de tra-
verses et de bien douloureuses épreuves.
Faut-il vous étonner que le divin Maître vous

ait tenu compte de vos souffrances et qu'il les ait acceptées en payement de vos dettes envers la justice divine? Non, non, ma bonne Mère, la Croix a été votre partage quand vous étiez à la Nativité ; comment ne le serait-elle pas encore quand vous êtes entrée dans un Institut qui porte le beau nom de la Croix? Cette pensée doit être votre consolation ; il n'y a de bonheur ici-bas que dans la Croix, et l'éternité bienheureuse ne peut s'obtenir que par la Croix. Aussi je ne demande pas au bon Maître de vous délivrer d'un fardeau si précieux, mais que vous le portiez jusqu'à la fin avec résignation, même avec joie.

Quant à moi, ma bonne Mère, je vous avoue que je sens mes facultés et mes forces physiques s'altérer bien sensiblement depuis une quinzaine de jours. J'éprouve des palpitations de cœur qui m'empêchent de monter au saint autel. Vous voyez, la machine s'use et tend à sa dissolution. C'est pourquoi je réclame le secours de vos prières et de celles de vos chères filles.

« Vous me parlez d'une nouvelle et vaste construction, ceci me prouve la prospérité de votre établissement, Dieu en soit loué!

« Adieu, ma bonne et chère Révérende Mère; je vous envoie, à vous et à votre Communauté, toutes les bénédictions que je puis donner, et vous renouvelle l'expression du tendre et respectueux dévouement avec lequel je suis et serai jusqu'à la fin de ma carrière en N.-S.

« Votre très humble serviteur.

« SELLIER. »

« P.-S. Je vous envoie la Vie de sainte Colette; c'est la production de mes vieux ans. Sous ce rapport, elle ne mérite aucune considération; mais ce qui la recommande, ce sont les vertus admirables de cette sainte réformatrice, que j'ai tâché de retracer le moins mal qu'il m'a été possible. »

A tant d'assurances de la volonté divine données par des personnes aussi compétentes, la vénérée Mère dut se rendre, et continuer d'exercer sa charge. Ce fut au grand contentement et à l'édification de toutes, car chaque jour l'on remarquait de nouveaux progrès dans son ascension spirituelle.

A peu de temps de là, une Mère entrant dans sa chambre au moment où elle visitait le courrier du matin, trouva son visage baigné de pleurs... « J'apprends, lui dit la Révérende Mère, la mort du bon et saint Père Sellier... J'en avais un pressentiment, mais il y a loin entre la prévision d'une peine et sa réalité ! Cette mort me prive d'un grand secours... Il nous aimait d'une affection bien sincère ! Il souffrait et priait pour nous. Cette nouvelle afflige profondément mon cœur ! »

Ce saint religieux était digne, à tous égards, des regrets de la Mère Supérieure et de sa Communauté. Que n'avait-il pas été pour elles! Les rares exemples de vertu qu'il laissait à tous, ne permirent pas de douter un moment de sa béatitude. Le jour même du décès du vénérable Père, M. le doyen de Roye, qui l'avait vu évangéliser sa paroisse peu auparavant, récitait son bréviaire en se promenant dans son jardin. Tout à coup, il entendit distinctement la voix du P. Sellier lui dire : « *Enfin j'y suis!* » La nouvelle de la mort ne lui arriva que le lendemain.

Depuis plusieurs mois déjà, on travaillait activement à la construction d'un nouveau corps de bâtiment à droite de la chapelle; l'accroissement du pensionnat le réclamait d'urgence; la Communauté, devenue plus nombreuse aussi, avait besoin d'un local moins restreint et surtout plus indépendant des allées et venues des élèves. Il venait d'être terminé sans accident, grâce sans doute aux prières multipliées qu'avait de-

mandées la Révérende Mère à cette intention. Toujours animée de sentiments de foi
et de gratitude, elle fit dire une messe en
actions de grâces.

Ce qui réjouissait encore son cœur, si
dévot à la Très Sainte Vierge, c'était de
voir achevée la chapelle de la Congrégation
des Enfants de Marie; de penser que là,
des générations de jeunes filles viendraient
honorer la Reine du ciel, apprendre à imiter
ses vertus, pour en répandre ensuite le
parfum dans le monde. Mgr de Garsignies
vint bientôt y célébrer le saint Sacrifice,
qu'il fit suivre d'une charmante allocution
aux congréganistes. Il la termina ainsi :
« Que cette chapelle, située au sommet de
la maison, vous rappelle sans cesse, mes
bien-aimées enfants, que vous devez toujours
gravir la montagne sainte, pour arriver
vers le lieu qu'habite votre tendre Mère.
Ah! priez-la de tout votre cœur de vous y
réserver une place auprès de son trône, et

que pas une de vous ne manque à ce rendez-
vous du ciel! »

Le quinze du même mois, jour de la
Saint-Henri, les élèves, en souhaitant la
fête à la Mère Supérieure, lui offrirent une
belle chape blanche pour la chapelle. La
vénérée Mère trouva immédiatement une
gracieuse allusion : « Puisse Marie vous
cacher sous son blanc manteau, leur dit-elle
en les remerciant. Souvenez-vous toujours
que les places d'honneur, les plus près de
son cœur maternel, seront réservées à celles
qui auront le mieux imité ses vertus. »

Au mois d'août de cette année 1853, la
Révérende Mère et son Conseil crurent le
moment venu de supprimer les distributions
publiques; cette mesure paraissait bien plus
conforme à l'esprit de clôture; elle le favo-
risa, en effet, au plus haut point.

Pendant les vacances, la digne et bonne
Mère voulut aller revoir ses chères filles de
Soissons; plusieurs affaires importantes

réclamaient sa présence. Durant son séjour, les Sœurs de la Sagesse, accompagnées de leurs élèves sourdes-muettes, vinrent faire visite à la Croix. La bonne Mère Henriette fut très touchée à la vue de ces pauvres enfants.

« Que ne puis-je, leur dit-elle, avoir la puissance de vous rendre la parole, comme le faisait le divin Maître! vous n'en abuseriez pas, j'en suis sûre... Nous ne pensons pas à rendre nos actions de grâces à Dieu pour nous avoir accordé ce bienfait! Encore qu'Il daigne nous préserver du malheur de nous en servir pour l'offenser! » Et elle combla ces chères enfants de toutes sortes de délicatesses. En la quittant, les sœurs disaient aux religieuses de la Croix : « Oh! que vous avez une bonne Mère! »

CHAPITRE XVI

MORT DE SŒUR ANGADRÈME LECLERRE, NOVICE DE CHŒUR. — LES SAINT-QUENTINOISES A SOISSONS. — DEUXIÈME VISITE DE Mgr CHA- TROUSSE, ÉVÊQUE DE VALENCE. — VISITE DES SOISSONNAISES : FÊTE DE LA RÉVÉRENDE MÈRE. — ÉRECTION DE LA CONFRÉRIE DE N.-D. DES SEPT-DOULEURS. — Mme GOT, SUPÉRIEURE A SOISSONS, EST NOMMÉE AS- SISTANTE GÉNÉRALE.

Le 30 juin 1855 vint apporter une peine bien sensible au cœur de la Révérende Mère Henriette. L'une de ses chères novices lui fut enlevée en moins d'un mois par une fièvre typhoïde! Sœur Angadrème Leclerre, native de Roisel, était entrée au Noviciat les premiers jours d'octobre 1853. Ancienne élève, aussi sage que studieuse, elle s'était fait estimer de ses maîtresses et de ses compagnes par le charme, la douceur de son caractère, ses modestes talents. Toutes lui avaient décerné la couronne de sagesse à la sortie du pensionnat. Les qualités qui distinguaient Angadrème élève, prirent un nouveau développement dans sœur Leclerre novice. On admirait son humeur toujours égale, son amour de la prière et du travail, sa grande générosité; Dieu se contenta de prémices aussi pleines d'espoir. Tombée dans une syncope au sortir d'un salut du mois de Marie, elle fut déclarée immédiatement en danger par le docteur qui, espérant détourner une fièvre typhoïde par un changement d'air, conseilla de l'envoyer chez ses parents. Sacrifice inutile à ce point de vue! la maladie se déclara dans toute son intensité; un délire presque continuel servit du moins à prouver quelles étaient les aspirations ordinaires de cette âme simple et candide; les choses pieuses, la sainte communion surtout paraissaient occuper toutes ses pensées. Le céleste Époux en fut touché sans doute : Il lui rendit assez de lucidité d'esprit pour qu'elle pût recevoir les derniers sacrements, au milieu de sa famille éplorée et d'une nombreuse assistance, venue pour s'édifier une dernière fois de son calme, de son angélique piété. Le surlendemain de son décès, elle fut conduite au cimetière de Roisel, exposée toute revêtue des livrées de la religion, le front ceint de la blanche couronne des Vierges qu'elle avait portée au jour de ses fiançailles avec le Roi des rois. A côté d'elle reposait déjà son frère, autre jeune prédestiné, revenu novice de Saint-Acheul, pour mourir aussi entre les bras de son père et de sa mère! Heureux et dignes parents! ils avaient donné leurs enfants à Dieu ; Dieu les accepta tout de suite comme deux fleurs choisies pour son céleste parterre !

Rien ne retenait en ce moment la Révérende Mère à Saint-Quentin. On put réaliser un projet longtemps caressé par les Mères et les enfants et vivement désiré par Monseigneur : la fêter encore à Soissons, au milieu des deux familles réunies.

Le voyage projeté s'effectua le 14 juillet 1855. Une nombreuse députation d'enfants accompagnées de leurs maîtresses, de trois sœurs coadjutrices, arrivèrent ce jour-là même à Soissons où venait de les précéder la Révérende Mère Henriette. Quels cris de joie, quelle tendre effusion les accueillirent ! Mais ce qu'il faut renoncer à dépeindre, c'est l'enthousiasme, l'amour qui débordaient de tous les cœurs lorsque, sous les grands acacias du jardin, le pensionnat de Saint-Quentin d'un côté, celui de Soissons de l'autre, chantèrent à l'envi leur respectueuse affection, leur vive gratitude, leurs vœux ardents pour la meilleure et la plus aimée des Mères! Monseigneur, présent à cette scène de famille où l'on s'était fait un bonheur de célébrer ses œuvres et sa paternelle bonté, ne pouvait dissimuler son émotion. Sa Grandeur voulut que ce voyage fît époque dans les Annales saint-quentinoises et soissonnaises; de nombreuses voitures furent louées et les deux pensionnats visitèrent tour à tour Mercin, Saint-Médard et Prémontré. Qui jouissait le plus de la joie des enfants? Sans contredit, le cœur paternel de leur bon évêque et celui de la reine de la fête. Trois jours s'étaient écoulés, rapides comme l'éclair; on dut se séparer à Prémontré même, mais non sans se donner rendez-vous pour l'année suivante.

Le 20 juillet seulement, la vénérée Supérieure rentra dans la Maison Mère où l'attendaient impatiemment celles des religieuses et des élèves qui avaient assez du sacrifice du voyage, sans se priver **du bonheur de la fêter** à leur tour.

Le 2 août, elle posait la première pierre du petit bâtiment vis-à-vis la chapelle.

Dans les premiers jours de novembre, une bien agréable surprise fut ménagée à la Mère Henriette et à la Communauté : Mgr Chatrousse, le bon évêque de Valence, revenait voir ses filles du Dauphiné. Combien il fut heureux de visiter les nouvelles constructions qui témoignaient de la prospérité de leur Œuvre! Il ne tarissait pas en félicitations, en vœux de tous genres et en bénédictions sympathiques pour toutes, mais surtout pour sa chère et digne fille, qu'il voyait si bien à sa place à la tête de la Congrégation. Les labeurs de l'épiscopat avaient laissé des traces sur la figure vénérable du saint évêque; la séparation fut pénible; on sentait qu'on ne se reverrait plus ici-bas et l'on se donna rendez-vous dans l'éternelle Patrie!

Une année entière s'était écoulée sans
incident remarquable; on voyait avec grande
joie revenir la date si chère alors du 14
juillet; pouvait-on oublier la promesse des
Soissonnaises en 1855 ? « L'année prochaine,
à pareil jour nous vous rendrons votre visite. »
Comme elles étaient attendues! Trois voitures s'arrêtent à la porte.... Ce sont elles!
Oui, c'est bien cela!... On se presse, on
s'embrasse, et l'on ne se calme, peu après,
que pour offrir, de part et d'autre, les vœux
des cœurs qui n'en font plus qu'un, et fêter
une Mère aussi chérie que vénérée. Le lendemain, ce sont des réjouissances conti-
nuelles : concert, foire au profit des inondés
de Lyon, visite à l'Hôtel-Dieu; le soir, feu
d'artifice et, pour couronner un si beau jour,
arrivée du digne Supérieur, M. Guyart. Le
16, un temps superbe permet une longue
excursion à la campagne; elle n'est trou-
blée que par la pensée qu'il faudra partir le soir; mais on se console, car c'est

toujours vers la Croix qu'on se dirigera!

A l'occasion de la Saint-Henri, les anciennes élèves s'étaient jointes aux élèves actuelles, pour offrir à la Révérende Mère un beau groupe de N.-D. des Douleurs recevant son Fils inanimé. Il y avait longtemps que la Communauté et le pensionnat désiraient voir érigée dans la chapelle la confrérie de N.-D. des Sept-Douleurs. C'était bien le lieu dans une maison vouée spécialement à honorer Jésus crucifié et dont la troisième fête patronale est précisément celle de la Mère des Douleurs. Le R. Père Gruel venait de donner les exercices de la retraite au pensionnat. A leur issue, il présida la cérémonie de l'érection; nous croyons qu'il sera salutaire et agréable à plus d'une âme de lire l'excellente instruction prononcée en ce jour par le R. Père.

Celui-là seul sera couronné qui aura combattu vaillamment.

« La retraite, mes enfants, n'est pas seulement une grâce de préservation et de recueillement pour les jours qui la composent; elle n'est pas seulement un temps où l'on doit jouir de la douceur, de la paix et des consolations de la vertu; elle est surtout une grâce de préparation à des jours plus difficiles, et de force pour les soutenir, car il ne faut pas nous le dissimuler, nous ne sommes Ici-Bas que pour combattre et combattre avec vaillance. Or, mes enfants, celui-là seul qui aura combattu jusqu'à la fin sera couronné. Ce n'est pas le commencement de l'homme que l'on regarde et qui a du prix, dit saint Chrysostome, c'est la fin. Judas avait bien commencé, il a mal fini. Saint Paul avait mal commencé et il a bien fini. La véritable vertu ne consiste pas à en faire des actes passagers : les plus méchants en sont capables. Est-il bien étonnant qu'une fois en sa vie le cruel Néron ait regretté savoir écrire pour signer un arrêt de mort

16.

quand, un peu plus tard, il publiait des édits qui faisaient des milliers de victimes?... Était-il difficile à Mécène de se contenter, pour un repas, d'un peu de pain et de figues, quand, quelques jours après, il dépensait des centaines de mille francs pour satisfaire à toutes les exigences de sa sensualité?... Qu'y a-t-il de surprenant encore à ce que le nom de l'impie Voltaire ait figuré pour quelques milliers de francs sur des listes de souscription pour l'érection d'une église, quand chaque jour sa plume travaillait à détruire l'empire de Dieu et de l'Église dans les âmes?... Non, mes enfants, la vertu ne consiste pas dans ces actes éloignés.

« Vertu veut dire force, et celui-là seul qui combat sans jamais se lasser, est vraiment vertueux. Que faut-il donc pour persévérer? Vous êtes si bien aujourd'hui, chères enfants, si agréables à N.-S.! Comme Il se complaît en vous! Le grand recueillement que vous avez montré pendant la retraite, la sainte avidité avec laquelle vous avez écouté la parole de Dieu, ne nous sont-ils pas de sûrs garants de votre persévérance? Je recevais dernièrement des lettres d'un pensionnat où, depuis quelques mois déjà, une retraite a été donnée aussi à de jeunes personnes, et l'on m'écrivait : « Nos enfants « sont si bien qu'on les dirait encore en re- « traite, et madame l'Assistante est effrayée à « la vue des grâces que Dieu leur fait, en pen- « sant aux actes de fidélité qu'il devra deman- « der d'elles ! » Cette crainte est exagérée, car le chemin de la vertu est tel, que plus on y avance, plus il devient facile. Mais, je le sais, il est dans la vie des jours mauvais, des jours de luttes, de combats; mille dangers vous environneront; comment persévérer? où trouver la force nécessaire? quel moyen prendre?... Ah ! votre cœur a devancé ma parole... En ce jour qui réjouit le ciel et la terre, vous n'avez toutes qu'une voix pour me dire : Notre force, nous la trouverons en

Marie!... Eh oui, chères enfants ; voyez comme elle vous aime ; quelles bénédictions elle répand sur vous ! Voyez : depuis long-temps, on désirait associer au culte de la Croix, la Croix qui est le titulaire de cette maison, un autre culte non moins précieux, celui des douleurs de Marie. L'un était le complément de l'autre : on voulait joindre à la pensée des souffrances de Jésus, la pensée des souffrances de Marie, mais comment réussir ? Plusieurs moyens avaient été essayés et voilà qu'à la veille de votre retraite, et comme bouquet de retraite, si j'ose ainsi dire, Marie vous envoie la lettre qui autorise dans cette chapelle l'érection de la confrérie de N.-D. des Douleurs ! Oh ! dites, mes enfants, quel privilège, quelle bénédiction pour vous, pour ce saint asile et je dirai même pour toute la ville ! Oui, par cette con-frérie érigée dans leur chapelle, vos secondes Mères semblent dire à toutes les âmes affli-gées (et où n'y en a-t-il pas !) : Si notre vocation, toute renfermée dans la prière et l'éducation de vos enfants, ne nous permet pas d'aller nous asseoir à votre foyer pour y essuyer vos larmes, du moins nous vous offrons, dans notre sanctuaire, la consolation à toutes vos douleurs. Les larmes répandues dans le cœur de Marie perdent toute leur amertume et se changent en une douceur inexprimable.

« Oh! élevées à l'ombre de la Croix, sous l'œil de Marie, il me semble, mes enfants, vous entendre vous écrier, comme autrefois l'apôtre saint Pierre : Il fait bon ici! dressons-y trois tentes. Oui, chères enfants, il vous est bon d'être ici! mais il ne vous sera probablement pas donné d'y demeurer toujours; le bon Dieu ne fait pas à toutes la grâce de la vocation religieuse et, s'il la donnait à quelques-unes d'entre vous, vous pourriez peut-être vous disséminer çà et là, loin de nous. Mais, mes enfants, vous pouvez toujours y dresser trois tentes, trois amours dans votre cœur :

l'amour de la Croix, l'amour de l'Eucharistie et l'amour de Marie : l'amour de la Croix, et alors vous trouverez au pied de cette Croix toute la force, tout le courage dont vous aurez besoin pour supporter les peines, les chagrins qui vous attendent ; et alors, vous serez fortes contre vous-mêmes, contre le monde et le démon ; l'amour de l'Eucharistie, et vous viendrez souvent au pied des autels vous nourrir de cet aliment divin qui fait germer les vierges, qui vous conservera toujours pures et innocentes comme vous l'êtes aujourd'hui !... L'amour de Marie ! Oh ! mes enfants, aimez-la, aimez-la toujours, aimez-la comme Stanislas ! Que souvent avec lui vous vous disiez : Elle est ma Mère ! et que cette pensée vous fasse recourir à elle dans tous vos besoins. Vous êtes bien jeunes, mes enfants, encore à l'aurore de la vie, et cependant, n'avez-vous pas déjà souffert ? Qui ne souffre pas sur cette terre d'exil ? Eh bien, mes enfants, quand vous aurez quelques larmes à répandre, allez les verser dans le cœur de Marie ; elle adoucira tous vos chagrins, elle vous consolera, elle vousfortifiera... Oh! aimez-la ; c'est le gage le plus sûr de votre persévérance ! aimez-la sur la terre, afin de l'aimer pendant toute l'éternité, en jouissant d'un bonheur sans fin, que je vous souhaite de tout mon cœur. Ainsi soit-il ! »

De telles fêtes, de semblables paroles électrisaient tout le monde et ravissaient la Révérende Mère.

Le 30 juin 1856, on reçut le décret impérial autorisant l'échange de la maison Didier contre la propriété des Capucins, assurée alors à la Croix de Soissons.

Au mois d'août de la même année, les élections triennales amenèrent la nomination de la Mère Got comme assistante générale de la Congrégation. Il y avait sept ans que Mme Got était Supérieure à la maison de Soissons ; il lui fallait une remplaçante ; on n'en trouva pas de plus digne que la Mère Dorigny ; dire que depuis cette époque elle occupe le même poste, c'est dire si elle a justifié la confiance qu'elle avait inspirée. Admirables desseins de la divine Providence ! En rappelant la Mère Got à Saint-Quentin, près de la Révérende Mère Henriette que la souffrance rendait désormais incapable de remplir toutes les fonctions de sa charge, Dieu voulait préparer la future Supérieure générale à recueillir le lourd héritage du gouvernement ; à s'assimiler l'esprit, les vertus dont elle allait être chaque jour l'heureux témoin.

CHAPITRE XVII

Depuis quelque temps, les familles réclamaient pour leurs enfants pensionnaires de longues et fréquentes promenades. Il vaudrait mieux, disait-on, une maison de campagne, un vaste enclos où les élèves, sous la surveillance de leurs maîtresses, pussent prendre leurs ébats au grand air et séjourner un peu. Les supérieurs ecclésiastiques, les amis de la Croix engageaient la Mère Henriette à peser toutes considérations, trouvant que, pour une Communauté cloîtrée surtout, l'air et l'espace ne sont pas à négliger, même en faveur des religieuses. La Révérende Mère hésitait, craignant que ce ne fût une source d'irrégularités, de diminution d'esprit intérieur. Vaincue enfin par les pressantes instances de tous, elle autorisa les démarches nécessaires. Ne trouvant pas de maison avec jardin assez vaste pour le but qu'on se proposait, on se décida à faire acquisition d'un champ de grande étendue. Des murs, une maison furent bientôt élevés; en moins d'un an, la propriété, achetée le 19 mars 1857, et nommée *Saint-Joseph* en reconnaissance de la protection visible de ce grand saint, fut prête à recevoir les joyeuses bandes qui ne se lassèrent jamais d'aller s'y épanouir. La Révérende Mère, amie respectueuse et ardente de la clôture, voulut qu'une voiture fermée, garnie de rideaux épais, fût achetée

pour les religieuses qui devraient se rendre
à la maison de campagne. Elle-même donna
toujours l'exemple de la réserve sur ce point,
en n'y allant que pour visiter les travaux ou
se rendre compte de l'état des choses. « L'esprit de clôture, disait-elle souvent, est la
sauvegarde de la vie intérieure. Nous sommes mortes au monde; ce qui s'y passe ne
nous regarde plus. »

Qu'on nous permette de rappeler ici un
petit épisode se rattachant à la propriété de
Saint-Joseph.

A la fin de l'été 1857, les fondations de la
nouvelle maison étant terminées, on se hâta
de prier M. l'Archiprêtre de vouloir bien bénir la pose de la première pierre. M. Tavernier se rendit à la maison de campagne avec
M. l'abbé Turquin qui, depuis 1849, avait
remplacé M. l'abbé Hamelet dans sa charge
d'aumônier; plusieurs de Messieurs les Vicaires les accompagnaient. Bon nombre de
religieuses, tout le pensionnat les y avaient

précédés. Bientôt les chanteuses, réunies sur la voûte, entonnèrent le *Benedictus*. Après quelques versets, cette voûte, ébranlée par la mesure et le poids des enfants, s'écroula et on les vit disparaître tout à coup parmi les décombres amoncelés dans la cave!... Un cri général se fit entendre, puis rien. La peur avait saisi tout le monde. A peine osait-on descendre, de crainte d'avoir à déplorer quelque malheur... Pendant ces premières minutes d'angoisses, le bon abbé Genty n'eut qu'une pensée : « Mes enfants, s'écria-t-il, faites votre acte de contrition : je vais vous donner l'absolution de vos fautes! » Et il prononça la sainte formule. Des enfants affolées se jetaient dans le trou creusé par l'éboulement... Quelques instants après, des voix, des éclats de rire se firent entendre... La bonne Maîtresse générale, Mme Pinon, à peine remise de son émoi, faisait l'appel... Personne n'était blessé! On n'avait rien, rien que les suites de la peur...

Des voitures amenées en toute hâte, reconduisirent les enfants au pensionnat. Après
leur avoir donné quelque bon cordial, on les
fit mettre au lit et, pour la tranquillité générale, le docteur fut appelé. Il constata que
pas une contusion, pas la plus petite égratignure n'étaient venues causer le moindre
mal; mais que l'imagination jouait un grand
rôle chez quelques peureuses... « Monsieur,
lui dit l'une d'elles, est-ce que je vis encore?... »

Le lendemain, on riait beaucoup de l'incident et la bonne Mère Pinon répétait à
toutes : « Ah! n'attendez pas semblable
aventure pour vous exciter à la contrition!
Je n'ai pensé qu'une chose : Mon Dieu, je
tombe! »

La Révérende Mère, pénétrée de reconnaissance pour cette marque visible de la
protection du ciel, fit dire une messe d'actions de grâces.

Nous avons vu l'entrée au Noviciat, en

1843, de Mlle Sophie Richepin et nous avons dit alors, non seulement ce qu'elle fut pendant sa vie religieuse, mais aussi l'affection toute maternelle qu'avait vouée la Mère Henriette à cette intéressante orpheline. L'heure allait sonner où le divin Maître lui demanderait de lui rendre cette enfant si chère! Le 15 novembre 1857, Mère Richepin exhalait son dernier soupir à trois heures de l'après-midi, se félicitant de deux choses : l'une, d'avoir fait ses derniers vœux; l'autre, de n'avoir jamais rempli aucune charge. L'affliction qu'éprouva la Révérende Mère de cette mort qui lui ravissait l'une de ses filles les plus chéries, fut telle, que pendant le service funèbre elle eut peine à contenir ses sanglots. Lorsqu'elle vit arriver le moment où l'on allait enlever la bière, quoique très souffrante, elle quitta précipitamment sa place, au grand étonnement de tous, pour aller déposer un dernier baiser sur le cercueil!... Les témoins de cette scène attendrissante disaient après la triste cérémonie :

« Bonne Mère! comme elle sait aimer! »

Cette tendresse, cette charité s'étendait à toutes ses filles sans exception. D'un abord facile, plein d'aménité, elle recevait chacune sans jamais laisser comprendre qu'on la dérangeait. « Venez, ma mie, disait-elle, venez..... Eh bien! comment allons-nous? Sommes-nous sage? » Si la réponse prouvait des efforts, son regard fin et spirituel brillait d'une douce joie. Au contraire, lui faisait-on l'aveu de quelque faute, elle paraissait triste; mais quelle bonté, quels encouragements! « Vous me faites de la peine, disait-elle alors; allons, vous ferez mieux, n'est-ce pas? » Et elle aidait de quelques conseils. D'autres fois, elle-même excusait la coupable : « Vous étiez fatiguée... vous aviez dans ce moment-là un surcroît de besogne. » Comment après cela, ne pas être disposée à de nouveaux et généreux efforts?... « Jamais, disait une de ses Conseillères, ni dans nos réunions, ni dans les entretiens particuliers, je ne lui ai entendu dire quelque chose qui pût blesser la charité. Toujours bienveillante dans ses appréciations, « prenons garde, mes sœurs, disait-elle, n'allons pas plus loin... il nous serait difficile de nous arrêter sur un terrain si glissant; Dieu nous supporte malgré nos innombrables misères; pourrions-nous ne pas pardonner aux autres, surtout à nos sœurs, quelques moments d'oubli, de faiblesse, qu'elles ne manquent pas de déplorer et de réparer après un simple retour sur elles-mêmes?... »

Elle avait en horreur les jugements téméraires : « Ne jugeons défavorablement personne si nous voulons trouver grâce auprès du Souverain Juge, répétait-elle souvent; il est si facile de se tromper! L'estime que nous avons pour nous-mêmes est la principale cause de la mauvaise opinion que nous formons des autres; ce n'est qu'envers nous que nous devons être sévères... Et puis, qui sommes-nous pour juger notre prochain?... au divin Scrutateur seul appartient ce droit. »

C'était surtout envers les ministres du Seigneur qu'elle voulait qu'on exerçât la charité; son respect pour le sacerdoce était si profond! S'il arrivait qu'on accusât quelque prêtre d'avoir négligé son devoir d'une manière notable, elle ne permettait pas qu'on l'en entretînt. « Ne parlez pas de cela, disait-elle; priez beaucoup pour lui, je le ferai aussi de grand cœur. Peut-être est-ce une calomnie inventée par le génie du mal; dans tout état de cause, cela ne nous regarde pas. Il semble qu'on mette moins d'empressement à parler des Évêques qui font la gloire de l'épiscopat, des prêtres si nombreux qui se dévouent pour l'honneur de la Religion, pour le salut des âmes; le monde ne paraît même pas le remarquer, et c'est là une grande injustice. »

Les enfants n'étaient pas exclues de cette zone de charité dont elle cherchait à entourer tout le monde. « Croyez-moi, disait-elle aux maîtresses, si une enfant s'aperçoit que vous avez de la bonté pour elle, de l'indulgence pour ses défauts, elle en abusera peut-être par moments; mais elle en conservera toute sa vie un doux souvenir, une estime profonde qui la porteront plus tard à vous confier ses propres enfants. »

La Révérende Mère écrivait à une Maîtresse générale :

« Comment vont la charité, l'union, la bonne harmonie? Êtes-vous calme, pleine de confiance au bon Maître? Aimez la douceur, la charité, comme le divin Sauveur a aimé ces vertus. Soyez bien maternelle pour toutes les personnes employées au Pensionnat; l'aménité, la douceur ont tant d'empire sur les cœurs et les esprits! »

Si son humilité le lui avait permis, elle

aurait compris alors pourquoi elle régnait sur tous.

A une autre religieuse elle écrivait :

« Vous avez été chargée des anciennes élèves ; je regarde cette mission comme très importante. Que Dieu seul pense, parle et agisse en vous ! Pour obtenir cette grâce, veillez à ce que la nature ne soit pour rien dans vos rapports avec ces jeunes filles ; soyez bien petite, bien humble et surtout très prudente ; ne répondez à leurs avances qu'avec modération ; si vous avez à leur donner des conseils, ne le faites jamais qu'après vous être humiliée intérieurement et après avoir consulté l'Esprit-Saint. Montrez-vous toujours bien religieuse, constamment dépendante de la Règle et de la sainte obéissance. Engagez ces chères filles à s'adresser en toutes circonstances à la Très Sainte Vierge, notre très douce Avocate et notre puissante Médiatrice auprès de son divin Fils.

« Voilà une longue morale, ma bonne Fille, n'y voyez que l'ardent désir qu'a votre vieille Mère de vous voir marcher à grands pas dans le chemin de la perfection ; c'est l'unique moyen d'y conduire sûrement les autres. »

Bien que nous ayons déjà dit quelle humilité profonde caractérisait la vénérée Mère Henriette, nous ne pouvons résister au désir de signaler encore ses sentiments au sujet de cette précieuse vertu. Née dans son âme auprès de la Crèche, elle devait trouver son perfectionnement à l'ombre du Tabernacle et du Calvaire. On l'entendait quelquefois s'écrier : « Quelle chose admirable doit être la Société des humbles ! Ah ! mes sœurs, tâchons que ce soit la nôtre ; qu'on y voie régner la soumission, le respect pour l'autorité, l'estime mutuelle, l'union la plus parfaite. »

Interrogée trois mois avant sa mort, par une ancienne Mère, sur les vertus qu'elle désirait le plus voir briller en ses filles, elle répondit, en souriant avec une indicible bonté :

« 1° Beaucoup d'amour pour N.-S.

« 2° L'humilité, l'oubli et le mépris de soi-même.

« 3° Un grand esprit d'obéissance et une simplicité d'enfant.

« 4° Une très grande fidélité à nos saintes Règles ; la ponctualité, la régularité ; se faire petite, bien petite, et, sur toutes choses, une surabondance de charité. »

Ce qu'elle désirait pour les autres, ce qu'elle leur enseignait, nulle ne le pratiquait mieux. On le savait si bien qu'on ne craignait pas de lui faire à elle-même, avec tout le respect filial possible, quelques observations. Rien n'égalait alors sa reconnaissance. « Oh! merci, disait-elle, vous êtes la première qui me dites cela, quand tant d'autres auraient pu me le dire! » Un jour, une novice même crut pouvoir se permettre de lui communiquer une remarque qu'elle avait faite à son sujet : la Révérende Mère l'en remercia en l'embrassant avec effusion.

L'abandon, la soumission à la sainte volonté de Dieu était aussi une de ses vertus favorites. Dans tout le cours de sa vie, elle eut à supporter de douloureuses épreuves, des souffrances morales parfois bien poignantes, des maux physiques qu'elle sut voiler d'un aimable sourire et d'une héroïque patience; tout la trouva calme, forte, confiante et pleine d'une amoureuse résignation. « Si le bon Maître ne trouvait pas l'abandon, la soumission à sa volonté sainte dans les âmes religieuses, disait-elle souvent; si les personnes du monde nous surpassaient en cela, ce serait une grande humiliation pour nous, et un jour, le sujet d'un jugement très sévère. »

Que de choses il y aurait encore à dire sur sa dévotion aux sacrées plaies de N.-S., à son précieux sang, à son cœur divin, à la

Mère de Douleurs ! Il faut nous borner à nous souvenir, à admirer et à imiter !

Depuis longtemps son cœur souffrait de voir ses chères filles défuntes comme exilées dans le cimetière de la ville. Après l'acquisition de Saint-Joseph, un désir véhément de les avoir plus près d'elle, de pouvoir prier sur leurs tombes, lui fit entreprendre les démarches voulues pour obtenir l'autorisation de les faire exhumer et de les transporter dans la propriété de la Croix. Elle fut assez heureuse pour réussir : le 25 février 1858, on procéda à l'exhumation des Mères Hunégonde Duplaquet, Victoire Poulet, Angèle André, Pauline Regnaud, Séraphine Dubois, Célérine Nettelet, Sophie Richepin et des sœurs coadjutrices Marianne Rabel et Julienne Chouin. Lors de cette exhumation, on remarqua que le corps de la Mère Victoire s'était conservé sans corruption aucune.

A dater de ce jour, chaque fois que l'on se rendit à Saint-Joseph, Mères et enfants se

firent un pieux devoir et un triste bonheur
de déposer une prière sur les modestes
tombes des membres défunts de la Communauté. Cette coutume du cœur et de la foi
consola grandement la Révérende Mère.

Le 3 mai de cette année 1858, une touchante et solennelle cérémonie eut lieu dans
le jardin du pensionnat : un calvaire y fut
érigé sur un monticule préparé à cet effet.
Là encore le Révérend Père Gruel fit entendre
une belle allocution sur la Croix, dominant
et protégeant jusqu'aux récréations mêmes,
afin que tout fût sanctifié et sauvegardé par
l'ombre de cet arbre de salut. Ainsi s'éten-
daient à tout ce qui pouvait procurer le plus
grand bien des âmes la vigilance et la sollicitude de la digne Supérieure.

CHAPITRE XVIII

Le Dieu qui s'était montré si bon jusqu'a-
lors pour la Révérende Mère Henriette semblait vouloir lui prodiguer les effusions de
son amour, même ici-bas, avant de lui en ouvrir tous les effluves au ciel.

L'année 1859 devait voir le premier pasteur du diocèse évangéliser la ville de Saint-
Quentin pendant toute la station quadragé-
simale. Ce fut pour la Révérende Mère une

immense consolation. Dès son arrivée, au commencement de mars, Mgr de Garsignies vint visiter les Mères et les enfants de la Croix ; il leur annonça que, tous les jours, le jeudi excepté, il célébrerait le saint Sacrifice dans leur chapelle. Cette promesse fut accueillie avec une joie unanime et chaque jour de ce bienheureux carême, à huit heures du matin, pensionnaires et externes assistaient à la sainte Messe où.elles chantaient les motets et les cantiques qu'elles savaient le plus goûtés de Monseigneur. Malgré ses fatigues, le vénérable Prélat voulut bien, plusieurs fois, prendre la parole au salut. Il poussa plus loin encore la bonté : à la veille d'une retraite qu'il devait prêcher aux dames de la ville, il tint à présider lui-même la cérémonie d'une profession et d'une vêture, afin de recevoir les vœux d'une novice dont la famille lui était particulièrement chère.

Une autre fois, il avait ménagé aux enfants une délicieuse surprise... Elles venaient d'arriver à Saint-Joseph, le jour de leur promenade hebdomadaire, lorsqu'elles virent entrer tout à coup, dans la propriété, la voiture de Sa Grandeur d'où descendit avec elle M. l'archiprêtre Tavernier. MM. les abbés Genty, Rivié, Turquin, Desjardins, ne tardèrent pas à arriver aussi. Pendant une heure, Monseigneur se promena comme un bon père au milieu de ses enfants, voulut tout visiter et tout charmer par son auguste présence! Que se passait-il, pendant ce temps-là, dans le cœur de la digne Mère Henriette? Il est plus facile de le deviner que de l'exprimer ici.

Monseigneur mit le comble à tant de marques de sa paternelle affection, en voulant, malgré ses excessifs labeurs, présider la petite distribution des prix et ajouter trois jours de congé aux vacances de Pâques! C'était rendre, de toutes manières, inoubliable son séjour parmi nous. Tant de faveurs et tant de joie sont souvent le prélude de bien des douleurs... Un an plus tard, deux tombes devaient être arrosées de combien de larmes !

Le mois de mai de cette année, bénie entre toutes, allait aussi réjouir les cœurs dévoués à Marie. Pour renouveler envers la Vierge immaculée la piété tendre et sincère des enfants, on eut l'heureuse idée d'inaugurer des processions en son honneur chaque dimanche du mois qui lui est consacré. Les bannières, les oriflammes des trois congrégations apparurent dans tout leur éclat au milieu des vastes allées du jardin ; les chants des jeunes filles se mêlèrent à la voix des petits oiseaux, et empruntèrent à la fraîcheur de la nature dans son printemps un charme inexprimable. Toutes ces pieuses émotions avaient leur écho retentissant dans l'âme, si filiale envers Marie, de la vénérable Supérieure.

Une fois de plus, les cœurs avaient salué avec allégresse l'approche de la Saint-Henri. Poussés, entraînés par une impulsion dont ils avaient peur de se rendre compte, ils voulaient donner à cette fête plus d'éclat encore que de coutume. Amour, gratitude, vœux, fleurs, réjouissances, tout devait déborder et surabonder en ce jour!

Bien que très souffrante, la vénérée Supérieure se prêta à tout avec une grâce charmante; elle-même semblait remplie d'une ineffable et toute nouvelle tendresse. Elle eut un mot affectueux pour chacune de ses filles et des enfants, auxquelles fut donnée de sa main une image, dernier souvenir gardé plus tard comme une précieuse relique! Le 15 juillet, comme chaque année à pareil jour, le saint Sacrifice fut offert pour elle. Son état maladif lui permit cependant d'y assister; mais elle dut prendre du repos jusque dans l'après-midi. Le soir, elle fit un effort pour acquiescer aux désirs de toutes, en se rendant au petit salon, afin d'être témoin du feu d'artifice tiré en son honneur. Elle remarqua, au milieu des fusées, ses initiales

illuminées. « Pourquoi cela? dit-elle. Ah!
vous faites beaucoup trop pour une chétive
créature comme moi! Qu'il y a loin de cet
éclat lumineux à ma pauvre et obscure personne! » Se sentant fatiguée, elle se retira;
la nuit fut pénible; le lendemain, elle dut
garder le lit. Sa tendre affection pour toutes,
le désir de leur être agréable, lui avaient
fait compter pour rien ses souffrances, bien
grandes déjà, et ses forces n'avaient pu
égaler son courage!

Depuis plus de deux ans, la vénérable
Mère, minée par une tumeur cancéreuse au
côté gauche, avait supporté son mal avec
tant d'énergie que personne n'en soupçon-
nait la gravité. Seule son infirmière, obligée
de faire chaque jour un pansement nouveau,
était dans le secret de son héroïque courage.
L'altération de ses traits la trahissait cependant, depuis un mois surtout. Une religieuse,
frappée autant que peinée du changement
qu'elle remarquait dans la physionomie de

sa Mère bien-aimée, lui dit un jour : « Ah ! l'on peut voir que le divin Maître ne vous épargne pas ! — Que dites-vous là ! s'écria la bonne Mère. Je serais bien à plaindre si le bon Dieu m'épargnait ! C'est alors que je le supplierais humblement de se souvenir de moi ! Ne faut-il pas que j'expie mes péchés ? Si je n'ai pas le bonheur de le faire en ce monde, il faudra que les flammes du Purgatoire me purifient et, dans cette prison de feu, l'âme est privée de la vue de Dieu ! C'est bien là le plus affreux des tourments ! » Et comme la religieuse compatissante paraissait décontenancée, elle ajouta : « Ne craignez rien, mon enfant ; seulement apprenez à ne pas appréhender les souffrances ; croyez qu'elles sont nécessaires ; acceptez avec générosité les épines que vous rencontrerez inévitablement sur le chemin de la vie ; mais sur toutes choses, ne laissez jamais l'épine du péché pénétrer dans votre âme ! »

Dans ce même esprit, elle écrivait à l'une

de ses filles péniblement affectée de quelques épreuves successives :

« Je prends une vive part à vos peines, ma bien chère Mère; de grâce, n'en perdez pas le mérite; armez-vous de courage; n'oubliez jamais que le principe sur lequel notre société est fondée, c'est la Croix de notre bon Sauveur. Que n'a-t-il pas souffert pour nous! En nous invitant à le suivre sur la route du Calvaire, n'était-ce pas nous inviter à devenir d'autres Cyrénéens! La semaine de la Passion dans laquelle nous entrons est un moment bien propre à relever votre courage. Le petit souvenir que je vous envoie suppléera à ce que le temps ne me permet pas de vous dire. Nul ne recevra la couronne de gloire s'il n'a consenti à porter la couronne d'épines. Pensez à votre Mère au pied de la Croix bénie; je vais prier doublement pour vous. »

A une autre, elle envoyait les lignes suivantes :

« Ce qui retarde dans la perfection, c'est de se laisser aller à des inquiétudes sur le passé ; au contraire, une fois qu'on s'est jetée dans la voie du saint abandon, on jouit d'une paix délicieuse et profonde. Dans les moments de perplexité, de grandes épreuves, il faut se plonger dans le cœur de Jésus, puis dans le cœur si doux, si maternel de Marie ; on ne le fait jamais en vain.

« Conservez bien l'esprit de votre sainte vocation, l'esprit religieux. Quel malheur s'il venait à s'altérer parmi nous ! Mon Dieu, ne le permettez pas ! »

A une troisième, elle écrivait encore :

« Vous tenez, ma chère Fille, à ce que je vous envoie quelques mots ; que vous dirai-je ? Fuyez tout ce qui peut vous détourner de Dieu ; établissez-vous dans le silence intérieur et extérieur pour entendre sa voix ; fixez en Lui votre esprit et votre cœur. Il ne suffit pas, dans la vie spirituelle, dans la voie de la perfection, d'éviter seulement ce qui est péché, il faut éviter encore tout ce qui est capable de dissiper l'âme, de la faire sortir de ce centre où Dieu habite. Nos rapports extérieurs sont presque toujours la source de nos fautes et la cause la plus ordinaire de notre peu de progrès dans la vie intérieure.

« Sachez qu'une âme acquiert bien des mérites par la souffrance, et qu'une religieuse n'est pas digne de porter le beau nom de religieuse de la Croix si elle ne souffre et ne travaille pour le service de Dieu.

« Adieu, ma chère Fille, n'oubliez pas votre vieille Mère ; recommandez-la souvent au Cœur sacré de Jésus. Ah! qu'il fait bon vivre et surtout mourir en cherchant son refuge dans ce divin Cœur pour s'y reposer à jamais ! »

C'était bien là, en effet, que vivait de plus en plus la vénérée Mère. Dès le mois de juillet, la gravité du mal s'accentua toujours davantage. Elle avait grand'peine à se lever pour l'assistance au saint Sacrifice ; souvent

l'infirmière voulait la retenir : « Ma bonne
sœur, lui disait-elle, tant que je le pourrai,
j'irai trouver N.-S. ; ne me privez pas de ce
bonheur si grand ; la vue du Tabernacle me
fortifie. »

Mais à dater du jour de sa fête, elle ne
quitta plus sa chambre, si ce n'est le dimanche suivant. On remarquait avec anxiété la
diminution sensible de ses forces et la grande
altération de ses traits. Le 1er août, entre
trois et quatre heures, au moment où com-
mencent les grandes indulgences de la Portioncule, elle fit un effort surhumain pour se
rendre à la chapelle, afin de gagner une indulgence que sa filiale gratitude lui fit appliquer à l'âme de Mgr Chatrousse. Sentant
qu'elle ne pourrait faire d'autre visite, elle
fit demander à chacune de ses filles une
station pour elle et une pour sa mère qu'elle
n'oubliait jamais.

Dans le cours de la nuit, elle eut une
faiblesse prolongée. Vers trois heures du

matin, elle se sentit mieux et put reposer quelque temps; mais à sept heures, de nouvelles syncopes se produisirent. Le médecin, appelé aussitôt, parut inquiet. La vénérée malade lui demanda s'il ne jugeait pas nécessaire qu'elle reçût les derniers sacrements. « Nécessaire, non, répondit-il ; mais ce serait prudent. » C'en était bien assez pour l'âme pieuse et fervente de la Révérende Mère. Elle fit prier M. l'aumônier de venir et se prépara saintement à la triste cérémonie. Avant de recevoir le saint Viatique, elle voulut parler une dernière fois à toutes ses filles assemblées auprès de son lit de douleurs. Chacune retenait ses larmes, son souffle même, pour ne pas perdre une seule parole de sa Mère bien-aimée!... D'une Mère religieuse et d'une telle Mère, c'était comme un testament sublime qu'on allait recueillir. Alors d'une voix encore distincte, elle dit :

« Je remercie la Communauté des marques de bonté, d'attachement et de confiance qu'elle a bien voulu me donner ; je la remercie également de m'avoir supportée malgré mes misères et mes imperfections. Je remercie en particulier Mère Séverin et sœur Maria de leurs bons soins. Je demande pardon à toutes nos Mères et sœurs de la mauvaise édification que j'ai donnée. Mes souffrances seules m'ont empêchée de suivre tous les exercices de la Communauté. Pardon encore de mon peu de vertus, moi qui, en raison de ma charge, devrais les avoir toutes ! Pardon enfin de tout le mal qui est en moi ! » Ici son Assistante générale prit la parole au nom de toutes, pour demander pardon à la Révérende Mère Henriette de la peine qu'on avait pu lui faire. La chère malade continua :

« Je prie toutes celles qui m'ont le plus connue et en particulier les plus anciennes, d'avoir la charité d'offrir pour moi une station toutes les fois qu'elles feront le chemin de la Croix. C'était ma plus grande dévotion.

18.

« Je vous recommande à toutes l'esprit de charité, de support, de subordination. Tant que la charité, l'union, la concorde régneront dans la Communauté, tout ira bien, je vous le promets. Il y a du bon, du bien bon dans le cœur de chacune : je le reconnais devant Dieu et je l'en bénis.

« Ne parlez qu'à Dieu et à Dieu seul, de celle qui doit me remplacer : ne vous en entretenez jamais ensemble.

« Je prié M. l'aumônier de vouloir bien continuer ses bontés à la Communauté, et le remercie de toutes celles qu'il a eues pour moi.

« Je vous le répète : obéissance, un grand esprit d'obéissance; fidélité à nos saintes Règles; puis union, charité, surabondance de charité. Ne faites toutes qu'un seul et même cœur dans le Cœur de Jésus ! »

Qui n'admirerait cette lucidité, cet esprit de foi, cette gratitude envers tous, cet amour du bien, de Dieu et de ses Épouses, qui remplissaient le cœur de la Révérende Mère jusques entre les bras de la mort !

M. l'aumônier lui répondit :

« Oui, ma chère Mère, tous vos désirs seront fidèlement accomplis. Tous nos cœurs, unis au vôtre, n'en feront qu'un seul dans celui de Jésus. Je vous promets, au nom et de la part de toutes vos filles, union, obéissance et charité. »

La Révérende Mère sourit d'un air heureux. Elle reçut le saint Viatique, l'Extrême-Onction dans les sentiments de la plus vive piété. Après la cérémonie, elle répéta à diverses reprises : « Que Dieu est bon !... Mon Dieu, je vous remercie !... Oh ! que je suis heureuse !... Je suis prête à mourir... Oh ! il me serait doux de mourir cette nuit ! Je suis bien heureuse, bien calme !... » Puis, regardant ses mains, elle ajouta : « Oh ! plus de péchés, maintenant que je suis purifiée ! »

Jusque-là, toutes les personnes présentes avaient comprimé leur douleur, mais, étouffées par leurs sanglots, elles donnèrent enfin libre cours à leurs larmes. « Ne pleurez pas, mes chères Filles, dit alors la Mère bien-aimée; laissez-moi goûter mon bonheur! » Chacune se retira pour aller s'épancher auprès de Celui-là seul qui pouvait les consoler dans une si grande affliction!

Le mal allait s'aggravant toujours; Mgr de Garsignies, prévenu de l'état de la chère malade, arriva vers dix heures du soir et se hâta de la visiter, de lui prodiguer toutes les consolations, les paroles fortifiantes que son cœur paternel savait si bien trouver. Connaissant sa dévotion particulière au Cœur sacré de Jésus, il l'excita à la plus grande confiance envers Lui.

« Cherchez-y votre refuge, lui dit-il; demandez et il vous sera beaucoup accordé. Vous ne priez pas seule : la Très Sainte Vierge se fait votre avocate; elle prie en mère; que ne peut-elle vous obtenir! Je vous bénis de toute mon âme et vous laisse entre les bras de Jésus et de Marie. »

Tant de bonté, de marques d'intérêt touchèrent vivement la vénérée mourante. Elle sembla recouvrer un peu de forces, et de ses lèvres agonisantes s'échappa ce cri du cœur : « Oh! Monseigneur, que vous êtes bon! » Ce fut tout ce qu'elle put dire, suffoquée par des étouffements continuels.

Le lendemain, 9 août, Sa Grandeur accourut dès le matin la revoir, l'encourager, lui dire que le saint Sacrifice allait être offert pour elle, et lui laissa cette pensée : *La paix sur la Croix!* Aussitôt la chère mourante prit son crucifix, le baisa affectueusement et sembla se plonger dans un recueillement profond.

La matinée fut très pénible! Tout à coup les suffocations cessèrent, la respiration devint de plus en plus lente.

Midi venait de sonner. Comment dépeindre les splendeurs douloureuses de cette dernière heure si édifiante et si solennelle! La vénérée Supérieure au seuil de l'éternité ; toutes ses filles réunies autour d'elle ; près de son chevet, son évêque, toujours père et soutien bien-aimé de son âme ; M. Turquin, le digne aumônier de la maison ; M. l'abbé Desjardins, secrétaire de Monseigneur, et d'esprit et de cœur, nul n'en doutait, le respectable M. Guyart, retenu lui-même par la maladie et qui avait fait exprimer tous ses regrets et son chagrin !

Monseigneur, d'une voix émue et tremblante, venait de commencer les prières des agonisants... il ne dut pas les achever... l'âme de la vénérée Mère était au ciel !... Le pieux et paternel évêque mêla ses pleurs à ceux de toutes ses filles, leur adressa quelques bonnes paroles et tout le monde sentit le besoin de se réfugier auprès du Tabernacle.

En raison du caractère de la maladie qui enlevait la digne supérieure à la vénération, à l'affection de tous, dès le lendemain, il fallait procéder aux funérailles. Une assistance d'élite, aussi nombreuse que choisie, remplissait la chapelle. Au milieu des pleurs coulant de tous les yeux, Mgr de Garsignies, contenant à grand'peine son émotion, prononça l'éloge funèbre que nous sommes heureux de transcrire ici :

Pour moi, mourir c'est un gain.

« En vous conviant à partager le deuil de cette Communauté, bien-aimés frères, que voulions-nous autre chose que de vous apprendre une fois de plus que mourir est un gain pour qui n'a vécu que de dévouement et de sacrifice! Et n'est-ce pas là ce qu'a été la vie de celle que nous sommes tous unanimes à pleurer aujourd'hui, parce que tous nous avons été unanimes à l'admirer...

« Que vous dirai-je, frères bien-aimés, pour faire l'éloge de cette généreuse Épouse de J.-C.? Un seul mot me semble résumer admirablement toute sa vie; permettez-nous

de nous y arrêter : la recherche du bien !
la poursuite du bien à opérer et la générosité
incessante à l'accomplir, quels que soient
les obstacles qui se présentent, voilà, ce nous
semble, mes très chers frères, la vie d'une
religieuse et surtout la vie d'une Supérieure
de communauté. Ne pas pouvoir dire d'une
religieuse qu'elle a toujours cherché le bien
et qu'elle l'a toujours fait, ce serait ne pas
pouvoir faire son éloge; c'est le seul qui
convienne à la religieuse... A la femme du
monde, le mérite d'avoir su échapper à la
contagion du siècle; à la mère de famille,
le mérite d'avoir su donner à ses enfants
une éducation chrétienne et fait le bonheur
de ceux qui l'entouraient; à l'homme de
génie, le mérite d'avoir su trouver ses inspirations les plus belles au sein du chris-
tianisme; au courageux soldat, le mérite
d'avoir noblement sacrifié sa vie même, pour
le salut et la gloire de sa patrie; mais à la
religieuse seule, et à la Supérieure de com-

munauté surtout, le mérite d'avoir toujours cherché le bien et de l'avoir toujours fait!...

« Or, mes très chers frères, n'est-ce pas là, dites-nous, ce que vous avez toujours trouvé dans celle que nous regrettons tous, que vous regrettez les premiers, parce que vous avez su apprécier le bien qu'elle a fait et à vous, et à vos chères enfants. Vous l'avez vue arriver dans votre ville, céder aux instances de notre bien-aimé et vénérable prédécesseur, s'arracher à une famille dont elle était déjà chérie, ne reculer devant aucun sacrifice, uniquement parce qu'il lui avait été dit qu'il y avait ici du bien à faire. Vous l'avez vue alors, au milieu des difficultés d'une Communauté renaissante, s'élancer à la poursuite du bien, et néanmoins savoir toujours attendre patiemment, lorsque les obstacles qui paraissaient insurmontables et qui eussent effrayé toute autre, venaient retarder la marche progressive de ce bien, seul désir de son âme, seul but de

ses sacrifices, de ses prières incessantes!...
Vous parler de son humilité, de sa douceur,
de cette bonté avec laquelle elle accueillait
tous ceux qui l'approchaient, serait beaucoup sans doute, mais ce ne serait rien en
comparaison de cette incessante activité pour
le bien, de cette longanimité qui la trouvaient toujours soumise aux desseins d'En-
Haut... Vous l'avez vue s'occuper de tout,
mais plus particulièrement encore de la
classe pauvre, parce qu'elle avait compris
que, de toutes peut-être, cette classe est
celle qui a le plus besoin d'instruction chrétienne et religieuse. Vous l'avez vue arriver
enfin, par cette longue suite d'efforts et de
sacrifices, à donner à cette maison un éclat,
une prospérité qui la mettront désormais,
nous l'espérons, à l'abri de toute critique.
Tant de jeunes personnes répandues dans
le monde parlent assez haut et assez élo-
quemment par leur conduite, pour dire
quelle est l'éducation que l'on reçoit ici.

Et cette intéressante jeunesse, réunie en ce moment pour pleurer avec nous celle qui lui était si chère, est là aussi pour nous dire combien elle aimait à recueillir les enseignements qui sortaient de la bouche de sa vénérée Mère! Elles l'ont vue comme nous, ces chères enfants, toujours préoccupée de leur bien, alors même que les infirmités retenaient les élans de son zèle. Et s'il vous était donné, bien-aimés frères, de parcourir cette maison, vous y verriez à chaque pas les traces ingénieuses de cette active recherche du bien.

« La voilà donc maintenant, cette infatigable Épouse de J.-C., la voilà sous ce drap mortuaire!... Ah! frères bien-aimés, elle n'est pas morte toute entière, elle vit encore! elle parle encore! Hier, elle nous parlait, alors qu'incliné nous-même sur son lit de douleur, nous aimions à recueillir, pour les méditer ensuite, les dernières pensées de ce cœur généreux!... Elle nous parlait hier, elle nous parle aujourd'hui! Oui, elle parle, et tant que ne s'effacera pas son souvenir, elle nous parlera encore, c'est-à-dire qu'elle nous parlera toujours, parce que jamais on ne l'oubliera ici! Jamais non plus elle ne sera oubliée dans cette noble ville de Saint-Quentin, toujours juste appréciatrice des grands cœurs comme du vrai mérite... Elle nous parle, et que nous dit-elle, frères bien-aimés?... Ah! il nous semble qu'elle nous invite à rentrer en nous-mêmes et à retirer de cette cérémonie funèbre autre chose qu'une vaine émotion, qui ne laisserait en nous rien de salutaire. Recueillons-nous donc et, chacun en soi-même, demandons-nous ici : Où en sommes-nous sur cette poursuite du bien, nous si prompts à nous décourager, si indifférents à remplir le bien que nous voyons, si peu en peine de rechercher celui que nous n'apercevons pas immédiatement?... Où en sommes-nous?... réflexion sérieuse, question grave qu'il nous importe de résoudre avant de quitter cette enceinte, avant de nous éloigner de ce cercueil!... Depuis vingt-deux ans, nous avons été les heureux témoins de cette poursuite du bien dans l'âme de la digne Supérieure que nous regrettons aujourd'hui! Alors que l'impuissance prématurée de sa santé rendait impossible la réalisation de ses généreux désirs, ne nous a-t-il pas semblé l'entendre nous dire et n'avions-nous pas raison de répéter en commençant : « Oui, pour moi, « mourir c'est un gain! C'est un gain, puis- « que je ne puis plus faire tout le bien que « mon cœur vous désire!... »

« Il aurait fallu la voir, frères bien-aimés, sur son lit de souffrances, la suivre pas à pas dans les sentiers qui la conduisaient au tombeau, pour y lire encore le désir du bien! Ses chères filles se souviendront longtemps, se souviendront toujours de sa patience inaltérable à supporter les plus grandes douleurs; de sa tendresse à départir à chacune les conseils que donne l'expérience de l'âge et de la vertu!... Un adieu donc de souvenir et de reconnaissance à leur vénérée Mère! Un adieu à celle qui a toujours cherché le bien, qui l'a toujours fait dans toute la mesure du possible; et que ses filles, plongées aujourd'hui dans l'amertume, trouvent une consolation, un dédommagement, dans la sympathie vive et empressée de tous les nobles cœurs de cette ville! »

Ce dernier vœu du bon et paternel évêque fut pleinement exaucé. Malgré une pluie torrentielle, grand nombre de personnes les plus distinguées de la ville, de pauvres aussi, voulurent accompagner jusqu'à sa dernière demeure celle qui s'était sacrifiée pour leurs enfants, pour le bien de tous.

En chaque visite qui suivit pour témoigner de la part que l'on prenait au deuil de la Communauté, on ne tarissait pas en éloges et en regrets, et plus d'une larme coula encore au souvenir de la chère et vénérée défunte.

Mais ce qui fut admirable, ce fut le spectacle qu'offrit toute la Communauté pendant
les quinze jours qui la séparaient d'une nouvelle élection. Plongée dans une douleur profonde et muette comme toutes les vraies
douleurs, fidèle à la recommandation de sa
Mère bien-aimée, chacune semblait absorbée
dans un intime et solennel entretien avec
Dieu seul! Ah! qu'il y avait loin de là aux
intrigues du monde, aux mesquines rivalités
de l'ambition! Pas un mot ne fut échangé
ici-bas, mais toutes parlèrent aux habitants
du Ciel. Après avoir payé à la Révérende
Mère défunte un large tribut de prières, de
suffrages de tous genres, on ne s'occupa que
d'invoquer l'Esprit-Saint, de conjurer le
Seigneur de manifester celle qu'Il avait
choisie dans ses éternels décrets pour porter
désormais le lourd fardeau de la Supériorité.
Dieu bénit tant d'abandon, tant de prières,
un si grand esprit religieux. Quinze jours
après le décès de la Révérende Mère Hen-

riette, Mgr de Garsignies revenait à la Croix
pour présider à l'élection d'une Supé-
rieure générale. L'élue de Dieu fut la Révérende Mère Louise-Caroline Got. Aussitôt
la proclamation canonique de sa nouvelle
dignité, on vit, selon la solennelle et touchante coutume prescrite par nos Constitutions, chaque religieuse, chaque novice
ou postulante venir s'agenouiller devant la
Mère, Supérieure depuis un instant, et lui
baiser la main en signe de soumission. Puis
on se rendit à la chapelle pour chanter le Te
Deum. Avec quelle reconnaissance les accents se seraient-ils élevés des cœurs s'ils
avaient pu deviner l'avenir! Un jour, espé-
rons-le, une plume, guidée par la gratitude
et l'amour, nous dira ce que fut pour la
Croix cette nouvelle ère d'affection maternelle, de dévouement sans bornes et de prospérité toujours croissante!

APPENDICE

LETTRE DE Mgr DE PRILLY,

ÉVÊQUE DE CHALONS.

« J'apprends avec peine la mort de notre digne Mère et je viens partager le deuil de la Communauté. J'aurais bien désiré aller à Saint-Quentin pour lui rendre, avec Mgr de Garsignies, les derniers devoirs ; j'en ai été empêché.

« Cette infirmerie qu'elle habitait depuis longtemps et où elle a fait son purgatoire, a été le témoin muet de bien des vertus ! Nul n'apprécie plus que moi la perte que fait votre Communauté, parce que je sais ce qu'elle y fut et quels exemples elle y donna... »

. . . .

LETTRE DE Mgr DE BRUILLARD,

ÉVÊQUE DE GRENOBLE.

« Mesdames,

« Je m'associe de cœur aux regrets et à la douleur de votre pieuse Communauté. Il était à désirer qu'une existence si précieuse fût prolongée !

« Qu'elle était bonne et estimable votre vénérée Supérieure ! Quelle confiance elle inspirait aux familles chrétiennes ! C'est bien dans cette douloureuse circonstance que vous remplissez toute la signification de votre beau nom !...

« Courage ! courage !...

« L'héritage de l'Époux divin est composé de deux parties inséparables : souffrances en ce monde et gloire dans l'autre. Vouloir participer à celle-ci sans participer à celles-là, quelle présomption ! Mais après les souffrances, compter sur la gloire, est-il espoir mieux fondé ?

« Je me recommande aux prières de la pieuse Communauté pour obtenir une bonne mort, et j'appelle sur elle toutes les bénédictions célestes les plus abondantes.

« Philibert de BRUILLARD,
ancien évêque de Grenoble. »

TABLE

A LA MÊME LIBRAIRIE

Vie de la révérende Mère Louise Caroline Got, deuxième supérieure générale de la Société de la Croix, à Saint-Quentin (Aisne), par une religieuse de la même communauté. Un volume in-12.

Notice biographique sur la **Mère Aloysia Nouvion,** première assistante générale de la Société de la Croix. Une brochure in-12.

Ces ouvrages se trouvent également :

A SAINT-QUENTIN (Librairie Lagnier, rue du Palais de Justice, 21);

A SOISSONS (Librairie Lauthelin, rue du Commerce, 14);

A BAR-LE-DUC (Librairie Émile Collot, rue Entre-deux-Ponts, 15);

A LA LOUVIÈRE (Librairie M. Bastenier, Place du Marché).

TYPOGRAPHIE FIRMIN-DIDOT ET Cⁱᵉ. — MESNIL (EURE).